HET ONTBIJT HAVERMOUT BAKKEN RECEPTENBOEK

100 overheerlijke havermoutrecepten voor ontbijt, lunch en diner, met tips en technieken om uw havermoutspel naar een hoger niveau te tillen en het meeste uit dit superfoodingrediënt te halen voor een gezondere levensstijl. Perfect voor veganistische, glutenvrije en zuivelvrije diëten

Aya Hofman

Auteursrechtelijk materiaal ©202 4

Alle rechten voorbehouden

Geen enkel deel van dit boek mag in welke vorm of op welke manier dan ook worden gebruikt of overgedragen zonder de juiste schriftelijke toestemming van de uitgever en eigenaar van het auteursrecht, met uitzondering van korte citaten die in een recensie worden gebruikt . Dit boek mag niet worden beschouwd als vervanging voor medisch, juridisch of ander professioneel advies.

INHOUDSOPGAVE

INHOUDSOPGAVE 3
INLEIDING 7
HAVERMOUTONTBIJT 8
   1. Saffraanhavermout 9
   2. Pompoenkruidenhavermout 11
   3. Kaneelijs Havermout 13
   4. Kaneel Granola Havermout 15
   5. Hartige Masala-havermout 17
   6. Mexicaanse havermoutkom 20
   7. Sinaasappelmarmelade Havermout 22
   8. Granaatappelhavermout 24
   9. Goji-bessen gekiemde havermout 26
   10. Ananas-kokoshavermout 28
   11. Magnetronananas en bessenhavermout 30
   12. Koude haver met ongezoete kokosyoghurt 32
   13. Aardbei Romige Havermout 34
   14. Appelrozijnencompote met havermout 36
   15. Appelhavermout 39
   16. Cran-Apple Havermout 41
   17. Appeltaart Havermout 43
   18. Bosbes Vanille Overnight Oats 45
   19. Abrikozenhaverontbijt 47
   20. Fruit- en honinggranola 49
   21. Aardbeien-kokos-chiapudding 51
   22. Langzaam gekookte haver met eetbare bloemen . 53
   23. Havermout met oranje bloemen, pistache en dadels 55
   24. Butterfly Pea Flowers Overnight Oats 57
   25. Jasmijn Havermout Granola 59

26. Lavendelkersen Overnight Oats 61
27. Marshmallow Fluffernutter-havermout 63
28. Pindakaas Nutella Havermout 65
29. Pindakaashavermout 67
30. Amandelboter Banaanhaver 69
31. Esdoorn Pecannoot Granola 71
32. Vlas- en chiazaadhavermout 73
33. Esdoorn Hennepzaad Havermout 75
34. Havermout, psyllium en chiapudding 77
35. Zonnebloem Banaan Havermout 79
36. Pompoenzaad Overnight Oats 81
37. Citroenmaanzaadhavermout 83
38. Sesamhavermout met dadels 85
39. Red Velvet-havermout 87
40. Cacao-havermout 89
41. Havermout met kersen en pure chocolade 91
42. Havermout met macadamia en witte chocolade 93
43. Oreo en roomhavermout 95
44. Pindakaas Oreo Granola 97
45. Nori Havermout 99
46. Hartige Miso Havermout 101
47. Gedroogd zeewier en eierhavermout 103
48. Macrobiotische havermout 105
49. Havermout met pompoen en zeewier 107
50. Pistachenoten Havermout 109
51. Esdoorn Pecannoot Havermout 111
52. Braziliaanse noten-overnachtingshaver 113
53. Hazelnoothavermout 115
54. Banaan Macadamia Noten Overnight Oats 117

55. Havermout met dadel en pijnboompitten 119

56. Pompoen Pecan Havermout 121

HAVERMOUTSNACK EN DESSERT 123

57. Vegetarische havermoutburgers 124

58. Appelhavermoutkruidkoekjes 126

59. Citroen-bosbessenhavermoutmuffins 128

60. Abrikozenhavermoutmuffins 130

61. Havermoutzalmbrood 132

62. Havermoutbrownies 134

63. Verdwijnende havermout-rozijnenkoekjes 136

64. Rauwe bessenchips 138

65. Ongekookte boekweit-kurkuma-pap 140

66. Ontbijt Zinger repen 142

67. Kokoshavermoutkoekjes 144

68. Santa Fe zwarte bonenburger 146

69. 7 granen havermoutcake 148

70. Amish havermoutcake 150

71. Cacao-havermoutcake 152

72. Kokos-pecannoot-havermoutcake 155

73. Luie madeliefjehavermoutcake 158

74. Havermout-kokoscake 161

75. Havermoutkoekjes 163

76. Havermout-appelmoescake 165

77. Bosbessen-rabarbertaart 167

78. Appeltaart 170

79. Perzikkruimeltaart 173

80. Verse fruittaart zonder bakken 176

81. Rabarbertaart 178

82. Tropische kokospudding 181

83. Havermout-kaneelijs 183

84. Bananen-havermoutpannenkoekjes 185

85. Appel-havermoutwafels 187

86. Linzerrepen van abrikozenhavermout 189

87. Zwarte walnotenhavermouttaart 192

88. Butterscotch havermoutkoekjes 194

89. Elegante havermoutvla 196

90. Havermoutchips 198

91. Honinghavermout-kauwsnoepjes 200

92. Jumbo fruithavermoutkoekjes 202

93. No-bake havermoutreep 204

94. Havermout whoopietaart 206

95. Havermout Hawaiiaans brood 208

96. Havermout en zure kersensodabrood 210

97. Havermoutbotercrackers 212

98. Havermoutburgerbroodjes 214

99. Havermout-kaneelscones 216

100. Havermout notencrispies 219

CONCLUSIE **221**

INVOERING

Havermout is niet alleen een heerlijk en veelzijdig ingrediënt, maar het is ook een geweldige bron van voedingsstoffen. Als je meer volle granen aan je dieet wilt toevoegen, dan is HET ONTBIJT HAVERMOUT BAKKEN RECEPTENBOEK perfect voor jou. Met 100 makkelijke en creatieve havermoutrecepten zul je je nooit vervelen met dit superfood.

Van zoet tot hartig, er is een havermoutrecept voor elke maaltijd van de dag. Probeer de klassieke kaneel-appel-havermout als ontbijt, of meng het met de hartige champignon-havermout voor de lunch. En voor het diner zal de zalm-haverrisotto zeker indruk maken.

Naast traditionele havermoutrecepten bevat het kookboek ook recepten voor havermout-smoothies, mueslirepen en zelfs havermoutkoekjes. Er zijn recepten voor alle voedingsvoorkeuren, of je nu veganist, glutenvrij of zuivelvrij bent.

Elk recept wordt geleverd met eenvoudig te volgen instructies en prachtige foto's om u door het proces te begeleiden. Je vindt er ook handige tips voor het vervangen van ingrediënten en het bewaren ervan, zodat je nog dagenlang van je havermoutcreaties kunt genieten.

Dus of je nu een gezondheidsbewuste foodie bent of gewoon meer variatie aan je maaltijden wilt toevoegen, HET ONTBIJT HAVERMOUT BAKKEN RECEPTENBOEK heeft voor ieder wat wils. Maak je klaar om de heerlijke wereld van havermout te ontdekken ..

HAVERMOUT ONTBIJT

1. Saffraan Havermout

Maakt: 2 porties

INGREDIËNTEN ::
- 1 eetlepel saffraandraadjes, verdeeld
- 2 eetlepels heet water
- 2 kopjes gerolde haver glutenvrij, indien nodig
- 1 kopje + 1 eetlepel ongezoete amandelmelk, verdeeld
- 1 kopje water
- ½ theelepel nootmuskaat
- ½ theelepel kardemompoeder
- Ahornsiroop
- 2 theelepel gesneden amandelen

INSTRUCTIES:
a) Combineer saffraandraadjes met heet water in een kom of kopje en laat het trekken. Reserveer 1 eetlepel.
b) Combineer gerolde haver, 1 kopje amandelmelk, water, nootmuskaat, kardemompoeder en saffraanwater in een kom. Voeg desgewenst ahornsiroop toe.
c) Magnetron gedurende 2-3 minuten.
d) Combineer met een lepel en voeg de resterende saffraandraadjes, het gereserveerde saffraanwater, de resterende amandelmelk en de gesneden amandelen toe.

2. Pompoenkruiden Havermout

Maakt: 4 porties

INGREDIËNTEN :: _
- ½ kopje snelle haver
- ¼ theelepel kaneel- of pompoentaartkruiden
- ¾ kopjes magere of magere melk
- 1 eetlepel bruine suiker of ahornsiroop
- 4 eetlepels gepureerde pompoen uit blik
- 2 Eetlepels rozijnen of veenbessen
- ½ banaan, in plakjes gesneden
- ½ appel, in stukjes gesneden

INSTRUCTIES:

a) Kookplaat: Meng de haver, melk, suiker/ahornsiroop, gepureerde pompoen en kaneel in een kleine pan op middelhoog vuur.

b) Roer voortdurend totdat het mengsel dik en romig wordt. Voeg indien gewenst toppings toe om het zoeter te maken.

c) Magnetron: meng de haver, melk, suiker/ahornsiroop, gepureerde pompoen en kaneel in een magnetronbestendige kom.

d) Kok op de hoogste stand gedurende 1-2 minuten, halverwege roeren. Voeg indien gewenst toppings toe om het zoeter te maken.

3. Cinnamon-ijs Havermout

Maakt: ongeveer 1 kwart

INGREDIËNTEN :: _
- Lege ijsbasis
- 1 kopje haver
- 1 eetlepel gemalen kaneel

INSTRUCTIES:
a) Bereid de blanco basis voor volgens de instructies.
b) Meng de haver en kaneel in een kleine koekenpan op middelhoog vuur.
c) Rooster, regelmatig roerend, gedurende 10 minuten, of tot ze bruin en aromatisch zijn.
d) Om te laten trekken, voeg je de geroosterde kaneel en haver toe aan de basis zodra ze van het vuur komen en laat je ze ongeveer 30 minuten trekken .
e) Gebruik een zeef die boven een kom is geplaatst; zeef de vaste stoffen en druk ze erdoor om ervoor te zorgen dat je zoveel mogelijk van de gearomatiseerde room krijgt.
f) Bewaar het mengsel een nacht in de koelkast. Als je klaar bent om het ijs te maken, meng je het opnieuw met een staafmixer tot het glad en romig is.
g) Giet het in een ijsmachine en vries het in volgens de instructies van de fabrikant. Bewaren in een luchtdichte verpakking en een nacht invriezen.

4. Kaneel Granola Havermout

Maakt: 4 tot 6 porties

INGREDIËNTEN :: _
- 2 kopjes water
- 1¾ kopjes ouderwetse haver
- 1 theelepel gemalen kaneel
- ¼ theelepel zout
- ¾ kopje muesli

INSTRUCTIES:

a) Breng het water in een grote pan op hoog vuur aan de kook. Zet het vuur laag en roer de haver, kaneel en zout erdoor. Laat 5 minuten sudderen, af en toe roeren.
b) Haal van het vuur en roer de granola erdoor.
c) Dek af en laat ongeveer 3 minuten staan voordat u het serveert.

5. Hartige Masala-havermout

Maakt: 4

INGREDIËNTEN:
- 1 eetlepel Ghee of olie gebruik olie voor veganisten
- 1 theelepel komijnzaad
- 1 groene chilipeper in blokjes, optioneel
- 1 kopje ui in blokjes gesneden
- 1 theelepel Gember geraspt
- 1 theelepel Knoflook gehakt
- ½ kopje Tomaat gehakt
- 1,5 kopje staalgesneden haver
- 3,5 kopje water
- 2 kop Gemengde groenten Wortelen, sperziebonen, erwten, maïs, Edmame , bevroren of vers
- 1 eetlepel limoensap
- Korianderblaadjes om te garneren

KRUIDEN
- ½ theelepel gemalen kurkuma
- ½ theelepel Kashmiri rode chilipoeder of paprikapoeder, naar smaak aanpassen
- ½ theelepel Garam Masala
- 1 theelepel Zout naar smaak aanpassen

INSTRUCTIES
a) Start de instantpot in de sauteermodus en verwarm hem. Voeg ghee/olie toe, voeg dan komijnzaad toe en laat het sissen.
b) Voeg nu de groene chili, ui, gember en knoflook toe. Bak 2-3 minuten tot de ui glazig is.
c) ui, gember en kruiden in de instantpot
d) Voeg tomaat en kruiden toe. Goed mengen.
e) Ui, tomaat en kruiden in de instantpot
f) Voeg de gemengde groenten, haver en water toe. Goed mengen. Als er iets aan de bodem van de pot vastzit, blus dit dan. Druk op Annuleren en sluit het deksel met de ventilatieopening in verzegelende positie.
g) klaar om masala haver in instant pot te koken.

h) Verander de instant-potinstelling naar de snelkookmodus gedurende 8 minuten op hoge druk.
i) Wanneer de instantpot piept, laat u de druk gedurende 10 minuten op natuurlijke wijze ontsnappen en laat u vervolgens de druk handmatig ontsnappen.
j) Open het deksel en voeg het limoensap toe . Goed mengen.
k) Curried Masala-havermout gekookt in de instantpot, gegarneerd met koriander
l) Garneer met korianderblaadjes en geniet met een klodder yoghurt.

6. Mexicaanse havermoutkom

Maakt: 1 porties

INGREDIËNTEN:
- 1 theelepel olie
- 2 teentjes knoflook fijngehakt
- ¾ kopje Snelkokende haver
- ½ theelepel Tacokruiden
- ¼ theelepel paprikapoeder
- ½ theelepel limoensap
- 2 kopjes Water
- Zout naar smaak

TOPPINGEN:
- Maïs Salsa
- Geraspte Cheddar
- Avocado
- Jalapeno

INSTRUCTIES

a) Verhit olie in een pan en voeg knoflook toe. Kook gedurende 15-30 seconden of tot het geurig is.

b) Voeg haver, tacokruiden, paprikapoeder, limoensap , water en zout toe. Meng goed en breng alles aan de kook. Laat een paar minuten sudderen tot de haver gaar is en het mengsel ingedikt is. Dit zou 3-4 minuten moeten duren. Voeg nog een beetje water toe om de gewenste consistentie te bereiken.

c) Top met maïs, salsa, geraspte cheddar, avocado en jalapeno. Heet opdienen.

7. Sinaasappelmarmelade Havermout

Maakt: 4

INGREDIËNTEN :: _
- 2 kopjes ouderwetse haver
- 2 ¼ kopjes water
- 2 ¼ kopjes melk
- ½ theelepel zout
- ½ theelepel gemalen kaneel
- ¼ kopje suiker
- 2 eetlepels magere Griekse yoghurt
- 2 eetlepels sinaasappelmarmelade
- Sinaasappel- en kiwiplakken

INSTRUCTIES:
a) Voeg alle ingrediënten behalve de garnering toe aan de Instant Pot.
b) Sluit het deksel van het fornuis en druk op de functietoets "Handmatig".
c) Stel de tijd in op 6 minuten en kook onder hoge druk.
d) Na de piep laat u de druk op natuurlijke wijze los en verwijdert u het deksel.
e) Roer de bereide havermout door en serveer in een kom.
f) Garneer met sinaasappel- en kiwischijfjes bovenop.

8. Granaatappel Havermout

Maakt: 2

INGREDIËNTEN ::
- 1 kopje gewone haver
- 2 kopjes amandelmelk
- ¼ theelepel vanille-extract
- 6 eetlepels granaatappelpitjes
- ¼ theelepel gemalen kaneel
- Ahornsiroop erover sprenkelen

INSTRUCTIES:
a) Breng de amandelmelk op een laag kookpunt.
b) Voeg de haver toe, roer en zet het vuur laag tot middelmatig.
c) Kook gedurende 5 tot 10 minuten.
d) Roer de vanille en kaneel erdoor.
e) Serveer in 2 kommen.
f) Werk af met de granaatappelarieljes en een scheutje ahornsiroop.

9. Goji-bessen gekiemde havermout

Maakt: 4 porties

INGREDIËNTEN ::
- 2 kopjes hele havergrutten, een nacht geweekt in 4 kopjes water en afgespoeld
- ½ kopje ontpitte dadels, 1 kopje gesneden banaan of ¼ kopje agavesiroop
- 2 eetlepels gefilterd water, indien nodig
- 1½ eetlepel van je favoriete smaakstof
- ½ kopje gojibessen

INSTRUCTIES:
a) Doe de haver en dadels met het water in een keukenmachine en verwerk tot een romige textuur die lijkt op gekookte havermout.
b) desgewenst de optionele smaakstoffen en fruit en noten toe.
c) Pulseer om goed te mengen.

10. Ananas-kokoshavermout

INGREDIËNTEN :: _
- 1 kopje ingeblikte lichte kokosmelk, goed geschud
- ½ kopje bevroren ananasstukjes
- ½ kopje snelkokende haver
- 1 eetlepel geraspte ongezoete kokosnoot
- 2 theelepel ahornsiroop
- ⅛ theelepel koosjer zout
- 1 eetlepel fijngehakte cashewnoten

INSTRUCTIES:

a) Roer de kokosmelk, ananas, haver, kokosnoot, siroop en zout door elkaar in een kom.
b) Giet in een mok van 16 ounces.
c) Dek af en zet in de magnetron tot het romig is, ongeveer 3½ minuut.
d) Bestrooi met de noten.

11. Magnetron Ananas & Bessen Havermout

Maakt: 2 porties

INGREDIËNTEN:
- 1 kopje plantaardige melk
- ½ kopje bevroren ananasstukjes
- ½ kopje snelkokende haver
- ¼ kopje bessen
- 2 theelepel ahornsiroop
- ⅛ theelepel koosjer zout
- 1 eetlepel fijngehakte cashewnoten

INSTRUCTIES

a) Roer de plantaardige melk, ananas, haver, bessen, siroop en zout door elkaar in een kleine tot middelgrote kom.
b) Giet in een mok.
c) Dek af en zet in de magnetron tot het romig is, ongeveer 3½ minuut.
d) Bestrooi met de noten, indien gebruikt.

12. Koude haver met ongezoete kokosyoghurt

Maakt: 2

INGREDIËNTEN :: _
- Biologische haver
- Handvol gedroogde veenbessen
- 1 banaan
- 1 lepel ongezoete kokosyoghurt
- Handvol amandelen
- Handje walnoten
- Plantaardig naar smaak

INSTRUCTIES:
a) Doe alle ingrediënten in een kom en serveer met je favoriete plantaardige melk.
b) Genieten.

13. Aardbei Romig Havermout

Maakt: 1

INGREDIËNTEN :: _
- ½ kopje water
- ¼ kopje magere melk
- ½ kopje ouderwetse snelkokende gerolde haver
- ½ kopje gesneden aardbeien
- ¼ kopje magere Griekse yoghurt
- 1 eetlepel honing

INSTRUCTIES:
a) Meng het water, de melk en de haver in een kleine pan op middelhoog vuur. Breng het mengsel aan de kook, af en toe roerend.
b) Zodra het mengsel kookt, zet je het vuur laag en laat je het 3 tot 5 minuten sudderen, af en toe roeren, tot de haver gaar is.
c) Haal van het vuur, dek af en laat 3 tot 5 minuten staan.
d) Schep de havermout in een serveerschaal. Roer de aardbeien, yoghurt en honing erdoor en serveer onmiddellijk.

14. Appel-rozijnencompote met havermout

Maakt: 4 tot 6 porties

INGREDIËNTEN :: _
VOOR DE COMPOTE
- 1 zure appel, zoals Granny Smith
- 1 zoete appel, zoals Golden Delicious
- 3 eetlepels gouden rozijnen
- 1/2 kopje sinaasappelsap
- 2 theelepels vers geperst citroensap
- 2 eetlepels bruine suiker
- 2 eetlepels ahornsiroop
- 1/2 theelepel gemalen kaneel
- 1/2 theelepel glutenvrij vanille-extract
- 1/2 theelepel verse citroenschil

VOOR DE HAVERMOUT
- Boter, om in te vetten
- 3 kopjes water
- 2 kopjes melk of zuivelvrije melk naar keuze
- 2 kopjes staalgesneden haver
- Snufje koosjer of fijn zeezout

INSTRUCTIES:
COMPOTE

a) Schil de appels, verwijder het klokhuis en snijd ze in kleine stukjes. Doe in een pan. Voeg de rozijnen, sinaasappelsap, citroensap, bruine suiker, ahornsiroop, kaneel, vanille en citroenschil toe. Roer om te combineren. Kook op middelhoog vuur, af en toe roerend, tot de appels gaar zijn en de vloeistof stroperig is. Doe de compote in een kom en zet opzij.

HAVERMOUT

b) Bestrijk de bodem en de onderkant van de binnenpot lichtjes met boter om plakken te voorkomen. Voeg het water, de melk, de haver en het zout toe, maar roer niet. Sluit en vergrendel het deksel en zorg ervoor dat de stoomhendel in de afsluitpositie staat. Kook op hoge druk gedurende 9 minuten. Als het klaar is, laat u de druk op natuurlijke wijze los, wat ongeveer 15 minuten duurt. Draai de stoomontgrendelingshendel naar ontluchten en laat eventuele resterende stoom ontsnappen. Ontgrendel het deksel en open het voorzichtig.

c) Schep de havermout in kommen en garneer met een eetlepel of twee van de fruitcompote. Serveer onmiddellijk.

15. Appel Havermout

Maakt: 1

INGREDIËNTEN :: _
- 1 geraspte appel
- 1/2 kop haver
- 1 kopje water
- Snufje kaneel
- 2 theelepels rauwe honing

INSTRUCTIES:
a) Kook de haver met het water gedurende 3-5 minuten.
b) Voeg geraspte appel en kaneel toe. Roer de rauwe honing erdoor.

16. Cran-Appel Havermout

Maakt: 4 tot 6 porties

INGREDIËNTEN :: _
- 2 kopjes water
- 2 kopjes appelsap
- 2 kopjes ouderwetse haver
- 1 eetlepel lichtbruine suiker
- 1 theelepel gemalen kaneel
- $1/4$ theelepel zout
- 1 Fuji- of Gala-appel, geschild, klokhuis verwijderd en in stukjes gesneden
- $1/4$ kop gezoete gedroogde veenbessen

INSTRUCTIES:
a) Meng het water en het appelsap in een grote pan en breng op hoog vuur aan de kook.
b) Zet het vuur laag en roer de haver, suiker, kaneel en zout erdoor.
c) Laat 5 minuten sudderen, af en toe roeren.
d) Haal van het vuur en roer de appel en veenbessen erdoor.
e) Dek af en laat ongeveer 3 minuten staan voordat u het serveert.

17. Appeltaart Havermout

Maakt: 1

INGREDIËNTEN :: _
- 1/2 kop gerolde ouderwetse haver
- 1/2 kopje melk
- 1/2 kopje water
- 1 snufje zout
- 2/3 kopje geschilde en fijngehakte honingkrokante appel
- 1/4 theelepel gemalen kaneel
- 1 theelepel verpakte bruine suiker of ahornsiroop, of naar smaak
- 1/8 theelepel vanille-extract
- 1/2 eetlepels boter
- 1 eetlepel gedroogde veenbessen en/of gehakte walnoten

INSTRUCTIES:
a) Voeg appels en water toe aan een middelgrote magnetronbestendige kom.
b) Verwarm in de magnetron gedurende 2 minuten.
c) Roer vervolgens de haver, melk, zout en kaneel erdoor en verwarm nog 2 minuten.
d) Roer de bruine suiker, vanille en boter erdoor.
e) Laat enkele minuten afkoelen. Garneer eventueel met veenbessen of walnoten.

18. Bosbessen Vanille Overnight Oats

Maakt: 1

INGREDIËNTEN :: _
- 1/2 kopje haver
- 1/3 kopje water
- 1/4 kopje magere yoghurt
- 1/2 theelepel gemalen vanillestokje
- 1 eetlepel lijnzaadmeel
- Een snufje zout
- Bosbessen, amandelen, bramen, rauwe honing als topping

INSTRUCTIES:
a) Voeg 's avonds de ingrediënten, behalve de toppings, toe aan de kom. Zet een nacht in de koelkast.
b) Roer het mengsel 's morgens door. Het moet dik zijn.
c) Voeg de toppings naar keuze toe.

19. Abrikozen Haver Ontbijt

Merken: 4 tot 6

INGREDIËNTEN :: _
- 2 kopjes langkokende haver, ongekookt
- 1/3 kopje geschaafde amandelen
- 3/4 kopje gedroogde abrikozen, gehakt
- 1/4 theelepel zout
- 11/2 kopjes sinaasappelsap
- 1 kopje water
- 1/4 kopje honing
- Garnering: gehakte abrikozen, geschaafde amandelen
- Optioneel: melk

INSTRUCTIES:
a) Combineer haver, noten, gedroogde abrikozen en zout samen in een grote kom; opzij zetten.
b) Klop sinaasappelsap, water en honing door elkaar; voeg toe aan het havermengsel.
c) Zet afgedekt in de koelkast gedurende 8 uur of een nacht. Serveer koud, gegarneerd naar wens.

20. Fruit- en honinggranola

Maakt : 5 kopjes

INGREDIËNTEN:
- 3 kopjes haver (snel of ouderwets, ongekookt) kopje grof gehakte pecannoten (optioneel)
- 1 kopje honing
- 4 eetlepels (stok)margarine of boter, gesmolten
- 1 theelepel vanille
- 1 theelepel gemalen kaneel
- 1 theelepel zout (optioneel)
- 1 6-ounce pakket in blokjes gesneden gedroogd gemengd fruit (ongeveer 1 kopjes)

INSTRUCTIES:
a) Verwarm de oven tot 350 ° F.
b) Meng haver en pecannoten in een grote kom; Meng goed. Verdeel gelijkmatig in een jelly roll- pan van 15 x 10 inch of op een omrande bakplaat. Meng in een kleine kom honing, margarine, vanille , kaneel en zout; Meng goed. Giet over het havermengsel; Meng goed.
c) Bak 30 tot 35 minuten of tot ze goudbruin zijn, roer elke 10 minuten. Roer het gedroogde fruit erdoor. Volledig afkoelen. Goed afgedekt maximaal 1 week bewaren.

21. Aardbeien-Kokos-Chiapudding

Porties: 2

INGREDIËNTEN ::
- 1 kopje aardbeien
- 1 kopje verdampte kokosmelk
- 1 kopje havermelk
- 3 eetlepels chiazaad
- Ahornsiroop om te zoeten

INSTRUCTIES:

a) Roer je chiazaad en havermelk door elkaar in een bakje met deksel.
b) Klop het nog eens 10 minuten, dek het af en zet het een nacht of minstens 3-4 uur in de koelkast.
c) Combineer de verdampte kokosmelk en aardbeien in een blender en mix tot een romige massa.
d) Giet de aardbeienvloeistof over de chiapudding in uw serveerglas of kom.
e) Optioneel kun je zoveel ahornsiroop toevoegen als je wilt om de smaak in evenwicht te brengen.

22. Langzaam gekookte haver met eetbare bloemen

INGREDIËNTEN :: _
VOOR DE HAVER:
- 1 kopje biologische gerolde haver
- 2 kopjes amandelmelk
- 1/2 kopje water

VOOR DE TOPPING:
- 2 theelepels ahornsiroop of honing
- Verpletterde eetbare bloemen

INSTRUCTIES

a) Meng de haver, amandelmelk en water in een middelgrote pan en breng het op laag, middelhoog vuur aan de kook.

b) Roer vaak gedurende 10-15 minuten tot de gewenste consistentie en dikte is bereikt.

c) Serveer en voeg gemalen eetbare bloemen toe met een scheutje ahornsiroop/honing

23. Oranjebloem, pistache en dadelhavermout

Maakt: 2 porties

INGREDIËNTEN:
- 1 3/4 kopje Plantaardige melk
- 1 kopje ouderwetse gerolde haver
- 1 snufje zout

TOPPINGEN:
- 1/4 kopje agavenectar
- 1/2 theelepel oranjebloesemwater
- 1/4 kop gehakte pistachenoten
- 1/4 kop gehakte dadels
- 1 theelepel kaneel

INSTRUCTIES

a) Breng de plantaardige melk aan de kook, voeg de Old Fashioned Rolled Oats toe en kook ongeveer 5 minuten of tot de havermout de melk heeft opgenomen en de haver zacht is.
b) Roer er een snufje zout door.
c) Voeg het oranjebloesemwater toe aan de agavenectar en meng goed.
d) Verdeel de gekookte haver over 2 kommen en verdeel de pistachenoten en dadels ertussen.
e) Sprenkel het oranjebloesemwater en het agavemengsel erover.
f) Strooi er wat kaneel over en geniet ervan!

24. Butterfly Pea Flowers Overnight Oats

Maakt: 1 portie

NACHTHAVER
- ¼ kopje haver
- 1 kopje melk naar keuze
- 1 eetlepel Chiazaden
- 1 Eiwitpoeder naar keuze
- 3 eetlepels Butterfly Pea-vloeistof

VLINDERERWTEN BLOEM THEE
- 1 eetlepel gedroogde vlindererwtenbloemen
- 6 kopjes heet water

INSTRUCTIES
a) Zet eerst je vlindererwtenthee.
b) Zoek gewoon een grote kan, doe er de gedroogde vlindererwtbloemen in en voeg heet water toe.
c) Laat de thee minimaal een uur trekken voordat u hem gebruikt. Voeg gerust zoetstof toe als je dat wenst.
d) Pak een stenen pot of een weckpot .
e) Voeg al je **INGREDIËNTEN TOE** aan de pot, behalve de vlindererwtenthee, en meng goed.
f) Laat het een minuutje of langer staan en giet de thee gewoon in de pot. Het zakt naar de bodem, waardoor een gelaagd effect ontstaat.
g) Zet de pot een nacht in de koelkast.
h) Voeg de gewenste toppings toe en geniet ervan!

25. Jasmijn Havermout Granola

Maakt: 10 kopjes
INGREDIËNTEN:
- ½ kopje extra vergine olijfolie
- ½ kopje kokosolie
- 2/3 kopje plus 2 eetlepels ahornsiroop
- 3/4 kopje fijn zeezout
- ¼ kopje gedroogde jasmijnbloemen
- 10 kopjes gerolde haver
- 1 1/2 theelepel hele gouden of gewone lijnzaad
- 1 1/2 theelepel gemalen lijnzaad
- ½ kopje grofgehakte rauwe hazelnoten
- ½ kopje grofgehakte gedroogde abrikozen

INSTRUCTIES

a) Verwarm de oven voor op 300 ° F. Bekleed een bakplaat met een grote rand met bakpapier en zet opzij.
b) Roer in een grote soeppan op middelhoog vuur de ahornsiroop, kokosolie, olijfolie, jasmijnbloemen en zeezout door elkaar.
c) Breng aan de kook, zet het vuur lager en laat het koken. De vloeistof wordt iets dikker en is zeer geurig, 8-10 minuten.
d) Haal van het vuur, voeg dan de haver toe en roer met een houten lepel met lange steel of een siliconenspatel tot de haver grondig bedekt is.
e) Voeg het hele en gemalen lijnzaad toe en roer alles door elkaar. Roer vervolgens de hazelnoten en abrikozen erdoor.
f) Giet het havermengsel op de voorbereide bakplaat en gebruik vervolgens de lepel of spatel om het lichtjes aan te pakken tot een strakke, gelijkmatige laag.
g) Zet het in de oven en bak, draai de bakplaat halverwege rond, tot de haver goudbruin en geurig is en de hazelnoten licht geroosterd zijn , 45-55 minuten.
h) Haal de bakplaat uit de oven en zet opzij zonder te roeren totdat de granola volledig is afgekoeld tot kamertemperatuur. Breek het in hapklare brokken en serveer onmiddellijk, of verpak het in luchtdichte glazen potten.
i) Bij kamertemperatuur bewaard is de granola maximaal 6 weken houdbaar.

26. Lavendelkersen Overnight Oats

Maakt: 2 grote porties

INGREDIËNTEN:
- 1 kopje cashewnoten
- 2 1/2 kopjes water
- 1/2 theelepel gedroogde culinaire lavendel
- 1 eetlepel suiker
- 1 theelepel vers citroensap
- 1 theelepel puur vanille-extract
- 1 kop gerolde haver
- 1 kop verse kersen, ontpit en gehalveerd
- 2 eetlepels gesneden amandelen

INSTRUCTIES

a) Doe de cashewnoten en het water in een krachtige blender en pureer tot een zeer romige en gladde massa. Afhankelijk van de sterkte van je blender kan dit maximaal 5 minuten duren.

b) Voeg de lavendel, suiker, citroensap, vanille-extract en een klein snufje zout toe. Pulseer om te combineren en zeef vervolgens met een zeef of notenmelkzak.

c) Doe de cashew-lavendelmelk in een kom en roer de haver erdoor. Dek af en plaats in de koelkast en laat 4-6 uur of een nacht weken.

d) Om te serveren, schep de haver in twee kommen en voeg kersen en amandelen toe. Genieten!

27. Marshmallow Fluffernutter-havermout

Maakt: 2 porties

INGREDIËNTEN ::
- 1 kopje snelle haver
- 2 kopjes water
- 5 eetlepels romige pindakaas, of hoeveelheid naar smaak
- 3 eetlepels marshmallowpluis, of hoeveelheid naar smaak

INSTRUCTIES:
a) Voeg in een kleine tot middelgrote pan 2 kopjes water toe en breng aan de kook.
b) Als het water kookt, voeg je de 1 kopje snelle haver toe en kook je het gedurende 1 minuut, terwijl je roert terwijl het kookt.
c) Als het klaar is, schep het gelijkmatig in 2 kommen.
d) Voeg de pindakaas en marshmallowpluisjes toe en eventuele optionele toppings die je lekker vindt. Genieten!

28. Pindakaas Nutella Havermout

Maakt: 1

INGREDIËNTEN:
- 1/2 kop gerolde ouderwetse haver
- 1/2 kopje melk
- 1/2 kopje water
- 1 eerlijk snufje zout
- 2 eetlepels pindakaaspoeder
- 1 theelepel honing, of naar smaak
- 2 theelepel Nutella
- 1 eetlepel gehakte ongezouten pinda's

INSTRUCTIES
a) in een middelgrote magnetronbestendige kom haver, melk, water en zout door elkaar.
b) Verwarm in de magnetron 2 1/2 - 3 minuten. Roer het pindakaaspoeder en de honing erdoor.
c) Laat een paar minuten afkoelen en roer dan Nutella erdoor. Top met pinda's.

29. Pindakaas Havermout I

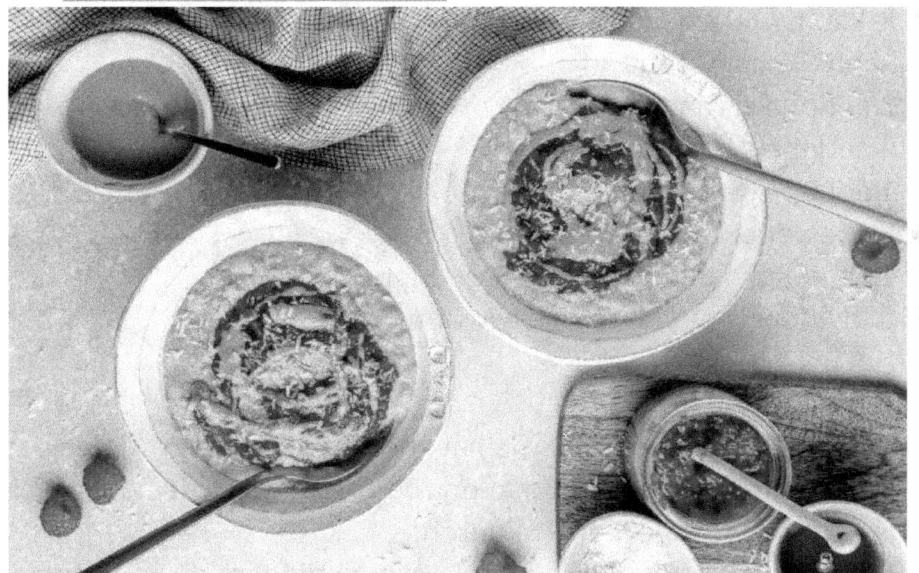

INGREDIËNTEN:
- ½ kopje ouderwetse gerolde haver
- Snufje koosjer zout
- 2 eetlepels frambozen
- 2 eetlepels bosbessen
- 1 eetlepel gehakte amandelen
- ½ theelepel chiazaad
- 1 banaan, in dunne plakjes gesneden
- 2 theelepels pindakaas, opgewarmd

INSTRUCTIES:
a) Combineer 1 kopje water, de haver en het zout in een kleine pan. Kook op middelhoog vuur, af en toe roerend, tot de haver zacht is geworden, ongeveer 5 minuten.

b) Voeg de havermout toe aan een maaltijdbereidingscontainer. Werk af met de frambozen, bosbessen, amandelen, chiazaden en banaan en besprenkel met de warme pindakaas. In de koelkast afgedekt 3 tot 4 dagen houdbaar.

c) De havermout kan koud of opgewarmd geserveerd worden. Opwarmen in de magnetron met tussenpozen van 30 seconden tot het is opgewarmd.

30. Amandelboter Bananenhaver

Maakt: 1

INGREDIËNTEN:
- 1/2 kopje haver
- 3/4 kopje water
- 1 eiwit
- 1 banaan
- 1 eetl. lijnzaad maaltijd
- 1 theelepel rauwe honing
- snufje kaneel
- 1/2 eetl. amandelboter _

INSTRUCTIES
a) Combineer haver en water in een kom. Klop het eiwit los en klop het erdoor met de ongekookte haver.
b) Kook op de kookplaat.
c) Controleer de consistentie en blijf indien nodig verwarmen tot de haver luchtig en dik is.
d) Pureer de banaan en voeg toe aan de haver. Verwarm gedurende 1 minuut
e) Roer het vlas, de rauwe honing en de kaneel erdoor. Top met amandelboter!

31. Esdoorn Pecan Granola

Porties: 12

INGREDIËNTEN ::
- 1 kop rauwe pecannoten, fijngehakt
- 3 kopjes snelkokende haver
- 1/2 theelepel gemalen kaneel
- 1/2 kop pure ahornsiroop
- 1 theelepel puur vanille-extract
- 1/2 kopje groentebouillon
- 1/2 theelepel fijn zout

INSTRUCTIES:
a) Verwarm de oven voor op 300 ° F en plaats een grote bakplaat met bakpapier.
b) Doe alle ingrediënten in een mengkom, doe het mengsel op een bakplaat met bakpapier en verdeel het met een kookgerei in een gelijkmatige laag.
c) Bak minimaal 30 minuten. Schep het halverwege om, zodat de granola niet aanbrandt. Zoek in plaats daarvan naar een goudbruine kleur.

32. Havermout van lijnzaad en chiazaad

Maakt 1

INGREDIËNTEN:
- 2 eetlepels gemalen lijnzaad
- 2 eetlepels chiazaad
- 2 eetlepels ongezoete geraspte kokosnoot
- 2 eetlepels gegranuleerde zoetstof naar keuze
- 1/2 kop heet water
- 1/2 kop koude, ongezoete kokosmelk

INSTRUCTIES:
a) Doe de droge ingrediënten in een kleine mengbeker en roer goed door.
b) Meng een half kopje heet water erdoor en zorg ervoor dat het mengsel erg dik is. Meng je kokosmelk erdoor tot je een dikke, romige 'havermout' hebt.
c) Serveer met gewenste toppings/mix-ins.

33. Esdoorn Hennepzaad Havermout

Maakt: 2 porties

INGREDIËNTEN :: _
- 1 kopje staalgesneden haver
- 3 eetlepels rauw gepeld hennepzaad, verdeeld
- 3 eetlepels ahornsiroop
- 2 theelepels kaneel
- 1 eetlepel geschaafde amandelen
- 1 eetlepel krenten

INSTRUCTIES:
a) Breng 4 kopjes water aan de kook in een grote pan.
b) Voeg de havermout, 2 eetlepels hennepzaad, ahornsiroop en kaneel toe en breng opnieuw aan de kook.
c) Zet het vuur laag en kook onafgedekt gedurende 30 minuten, af en toe roerend.
d) Serveer in kommen, gegarneerd met amandelreepjes, krenten en het resterende hennepzaad.

34. Havermout, Psyllium en Chiapudding

Maakt: 2 porties

INGREDIËNTEN:
- 400 ml ongezoete amandelmelk
- 6 eetlepels zachte havervlokken
- 2 theelepels psyllium
- 1 eetlepel chiazaad
- 20 gram rauwe amandelen
- 20 gram geroosterde hazelnoten
- 20 gram zwarte druiven
- 30 gram pompoencompote

INSTRUCTIES:
a) 2 middelgrote kommen klaar en verdeel de amandelmelk, doe in elk ongeveer 200 ml.
b) Doe in elk kommetje 3 eetlepels havermout, 1 eetlepel psyllium en 1/2 chia.
c) Als je zoetstoffen toevoegt, moet je dat nu doen: verwijder alles en laat het in de koelkast rusten, minimaal een half uur voordat je het consumeert. Je kunt het ook de avond ervoor klaarmaken en een nacht laten rusten, in dat geval is het zal dichter zijn.
d) Voeg vlak voor het serveren de noten, het fruit en de compote toe.

35. Zonnebloem Banaan Havermout

Maakt: 3 porties

INGREDIËNTEN:
- 1 ¾ kopjes water
- ¼ theelepel roze Himalayazout
- 1 kop gerolde haver
- 3 grote rijpe bananen, gepureerd
- 3 eetlepels zonnebloempitboter
- 2 eetlepels agavenectar

INSTRUCTIES:
a) Breng water en zout aan de kook in een pan; voeg de haver toe en laat sudderen tot de gewenste consistentie is bereikt, ongeveer 5 minuten.
b) Haal de pan van het vuur en roer de bananen, zonnebloempitboter en agavenectar erdoor.

36. Pompoenzaad Overnight Oats

Maakt: 2 porties

INGREDIËNTEN:
- 1 1/2 kopje gerolde haver met grote vlokken
- 1 1/2 kopje ongezoete amandelmelk
- 1/4 kop 2% gewone Griekse yoghurt
- 1/4 kopje vloeibare honing
- 2 eetlepels chiazaad
- 1 eetlepel vanille
- 1/4 theelepel gemalen gember en kaneel
- 1/2 kopje verse gemengde bessen
- 2 eetlepels geroosterde pompoenpitten met schil
- 2 eetlepels pepitas

INSTRUCTIES:
a) Roer in een grote kom de haver, amandelmelk, yoghurt, 3 eetlepels honing, de chiazaden, vanille, gember en kaneel door elkaar.
b) Zet 6 uur of een nacht in de koelkast.
c) Schep het havermengsel in 2 kommen ; top met bessen, pompoenpitten en pepitas .
d) Besprenkel met de resterende honing. Voeg vlak voor het serveren eventueel nog wat amandelmelk toe .

37. Citroenmaanzaad-havermout

Maakt: 2 porties

INGREDIËNTEN:
- 1 kopje staalgesneden haver
- 4 kopjes niet-zuivelmelk
- Sap van 1 grote of 2 kleine citroenen
- 2 eetlepels ahornsiroop
- 1 theelepel vanille-extract
- Royale snuf zout
- 1 1/2 eetlepel maanzaad

INSTRUCTIES

a) Voeg de haver, melk, citroensap, ahornsiroop, vanille en zout toe aan een grote pan met antiaanbaklaag op hoog vuur. Breng aan de kook en zet het vuur middelhoog om het te laten sudderen.

b) Laat 20 tot 25 minuten koken, af en toe roeren om te voorkomen dat er iets aan de bodem van de pan blijft plakken. Zet het vuur uit zodra de haver zacht is en naar wens is ingedikt en roer dan het maanzaad erdoor. Voeg indien nodig extra zoetstof naar smaak toe.

c) Serveer naar wens; bewaar restjes maximaal 5 dagen in de koelkast.

38. Sesamhavermout met dadels

Maakt: 4 porties

INGREDIËNTEN:
- 1 kopje haver
- 1 kopje water
- 1 kopje plantaardige melk zoals amandel- of cashewnoten
- 2 dadels gehakt
- 2 theelepel gemalen lijnzaad of gemalen chiazaad
- 1 eetlepel tahini naar smaak

INSTRUCTIES
a) Breng het water en de dadels op hoog vuur aan de kook en zet het dan op middelhoog vuur.
b) Voeg de haver toe, roer indien nodig tot het dik en bruisend is.
c) Wanneer de gewenste consistentie is bereikt, haal dan van het vuur en roer de tahini erdoor.
d) Strooi je favoriete toppings erover, zoals noten en bessen.

39. Rode fluwelen havermout

Maakt: 6

INGREDIËNTEN:
- 1 ½ kopjes gerolde haver
- 1 kopje karnemelk
- 2 ½ kopjes melk
- 2 eetlepels suiker
- 1 ½ Eetlepels cacaopoeder
- ¼ theelepel zout
- 2 tot 3 druppels rode kleurstof
- 1 theelepel vanille-extract

TOPPINGEN
- Granaatappelpitjes
- Chocolade stukjes
- Fruit naar keuze
- noten

INSTRUCTIES
a) Voeg melk, suiker, zout, vanille-extract en cacaopoeder toe aan de pan
b) Meng en zet het vuur op medium.
c) Voeg de haver toe aan het melk-cacaomengsel.
d) Voeg de voedselkleur toe en kook op medium tot het volledig gaar is.
e) Duurt ongeveer 6 minuten om volledig gaar te worden. Roer voortdurend om verbranding te voorkomen.
f) Serveer met meer melk en toppings naar keuze.

40. Cacao Havermout

Maakt: 1

INGREDIËNTEN:
- 1/2 kopje haver
- 2 kopjes water
- Een snufje theelepel zout
- 1/2 theelepel gemalen vanillestokje
- 2 eetlepels cacaopoeder
- 1 eetlepel rauwe honing
- 2 eetlepels gemalen lijnzaadmeel
- een vleugje kaneel
- 2 eiwitten

INSTRUCTIES
a) Doe de haver en het zout in een pan op hoog vuur. Bedek met 3 kopjes water. Breng aan de kook en kook 3-5 minuten, af en toe roeren. Blijf indien nodig 1/2 kopje water toevoegen naarmate het mengsel dikker wordt.
b) Klop in een aparte kom 4 eetlepels water door de 4 eetlepels cacaopoeder tot een gladde saus. Voeg de vanille toe aan de pan en roer.
c) Zet het vuur laag. Voeg de eiwitten toe en klop onmiddellijk. Voeg het vlasmeel en de kaneel toe. Roer om te combineren. Haal van het vuur, voeg rauwe honing toe en serveer onmiddellijk.
d) Suggesties voor de topping: gesneden aardbeien, bosbessen of een paar amandelen.

41. Havermout met kersen en pure chocolade

Maakt: 4

INGREDIËNTEN:
- 3 ½ kopjes water
- ⅛ kopje rietsuiker
- 1 kopje staalgesneden haver
- 3 eetlepels pure chocoladestukjes
- 1 kopje bevroren kersen, ontpit
- Een snufje zeezout

INSTRUCTIES:
a) Doe alle ingrediënten, behalve de chocolade, in je snelkookpan.
b) Roer goed om te combineren, sluit het deksel en zet 12 minuten op DRUKKOKEN/MANUAL op Hoog.
c) Laat de druk snel ontsnappen, roer de chocoladestukjes erdoor en serveer.

42. Macadamia en witte chocoladehavermout

INGREDIËNTEN:
- 1 kopje melk naar keuze
- 1/2 kop ouderwetse haver
- 1 theelepel honing
- 1/4 theelepel vanille-extract
- 1 theelepel macadamianoten
- 2 theelepels witte chocoladestukjes

INSTRUCTIES
a) Verwarm de melk in een kleine pan op middelhoog vuur. Voeg de haver en honing toe.
b) Breng aan de kook en zet het vuur lager. Laat 4-5 minuten sudderen, af en toe roeren.
c) Wanneer het verdikt is, haal het van het vuur. Meng de vanille erdoor en giet het in een kom.
d) Werk af met macadamianoten en witte chocoladestukjes.

43. Oreo en Roomhavermout

Maakt: 1

INGREDIËNTEN ::
- 1 kopje melk
- ½ kopje ouderwetse haver
- 1 eetlepels chiazaad
- ¼ kopje vanille-yoghurt
- 2-3 Oreo-koekjes, gehakt

INSTRUCTIES:
a) Verwarm de melk in een kleine pan op middelhoog vuur.
b) Voeg de haver en chiazaden toe.
c) Breng aan de kook en zet het vuur lager.
d) Laat 4-5 minuten sudderen, af en toe roeren.
e) Giet het mengsel in een kom en garneer met yoghurt en Oreo-koekjes.

44. Pindakaas Oreo Granola

Maakt: 3½ kopjes

INGREDIËNTEN ::
- 1 ½ kopje ouderwetse haver
- ¼ kopje chiazaden
- 1 kopje pinda's, gehalveerd of gehakt
- 15 Oreo's, gehakt
- ½ kopje pindakaas in poedervorm
- ¼ kopje olie
- 2 eetlepels donkerbruine suiker
- 1 eiwit
- ¾ kopje chocoladestukjes

INSTRUCTIES:
a) Verwarm de oven voor op 300 graden en bekleed twee bakplaten met bakpapier
b) Meng in een grote kom de haver, chiazaden, pinda's, oreo's en pindakaaspoeder
c) Klop in een kleine kom de olie en de bruine suiker door elkaar
d) Giet de vloeistoffen over de haver en roer zodat de haver gelijkmatig bedekt is
e) Klop in dezelfde kom die voor de olie wordt gebruikt het eiwit schuimig. Voeg toe aan de kom en roer
f) Verdeel het havermengsel gelijkmatig over de twee pannen
g) Bak gedurende 20 minuten en roer het mengsel. Bak nog eens 15 - 20 minuten en roer om de paar minuten om ervoor te zorgen dat het niet verbrandt
h) Haal uit de oven en laat afkoelen op de bakplaten
i) Als het volledig is afgekoeld, roer je de chocoladestukjes erdoor

45. Noch ik Havermout

Maakt: 1 portie

INGREDIËNTEN ::
- 40 gram havermout
- ½ kopje water
- 1½ theelepel Japanse noedelsaus
- versnipperd Nori- zeewier
- wasabi

INSTRUCTIES:
a) Doe de havermout en het water in een kom. en Magnetron gedurende 1 minuut.
b) Bestrijk met Nori -zeewier en Wasabi en giet de noedelsaus.

46. Hartige Miso Havermout

Maakt: 1 portie

INGREDIËNTEN:
- 1 kopje runderbottenbouillon
- 1/2 kopje gehakte ui, selderij en wortels
- 1/2 kopje tofu in blokjes gesneden
- 1/4 kopje zeewier
- 1 groot ei, losgeklopt
- 1/3 kopje haver
- 1 theelepel misopasta

INSTRUCTIES

a) Verhit de bottenbouillon in een kleine pan op hoog vuur. Voeg groenten en tofu toe en breng aan de kook.

b) Roer het zeewier erdoor, gevolgd door het losgeklopte ei.

c) Roer voortdurend gedurende een paar seconden of tot het ei uitgesmeerd is. Haal van het vuur.

d) Roer de haver erdoor, dek af en laat het 5 minuten staan.

e) Los ondertussen de misopasta op in wat heet water in een kleine kom.

f) Voeg de miso toe aan de havermout. Proef en pas de smaak aan door indien gewenst meer zout toe te voegen.

47. Gedroogd zeewier en eihavermeel

Maakt: 1 portie

INGREDIËNTEN:
- sesamolie om te frituren
- ½ teentje knoflook
- 8 g gedroogd zeewier
- 200 ml water
- 30 g havermout
- 1 ei
- 1 theelepel zout

INSTRUCTIES

a) Week het zeewier minimaal 40 minuten in water. Giet af en zet opzij.
b) Pers de knoflook, roerbak met sesamolie tot ze goudbruin zijn. Voeg zeewier toe , blijf roeren .
c) Voeg water toe. Laten koken.
d) Voeg de havermout toe, zet het vuur iets lager en laat het ongeveer 3 minuten koken.
e) Breek het ei in een kom en voeg zout toe. Klop het mengsel lichtjes op. Voeg het toe aan de havermout.
f) Laat de havermoutpap koken tot de textuur niet te vloeibaar of droog is.
g) Serveer met kimchi.
h) Eet smakelijk!

48. Macrobiotische Havermout I

Maakt: 1 portie

INGREDIËNTEN:
- 100 ml Havermout
- 1 eetlepel miso
- 2 eetlepels Gedroogd wakame -zeewier
- 1 Umeboshi
- 1 eetlepel Groene uien, fijn gesneden
- 1 scheutje Nori -zeewier, in dunne plakjes gesneden

INSTRUCTIES
a) Breng 1 1/4 kopje water aan de kook in een pan.
b) Los een eetlepel miso op en voeg dan de wakame en de havermout toe.
c) Kook de havermout volgens de aanwijzingen op de verpakking.
d) Doe de havermout in een kom.
e) Leg er een umeboshi op en strooi gelijkmatig de groene uien en het nori -zeewier.

49. Pompoen- en zeewierhavermout

INGREDIËNTEN:
- ½ kopje rijst- en papmix
- ½ kopje gerolde haver of kortkorrelige rijst
- 1 kopje ingeblikte pompoenpuree
- Extra vierge zaadolie
- 2 theelepels gehakte gember
- 6 kopjes bouillon
- 3 eetlepels versnipperd, gedroogd hijiki -zeewier
- 2 theelepel honing of ahornsiroop
- Zeezout of misopasta naar smaak
- Snufje witte peper
- Scheutje sojasaus

INSTRUCTIES
a) Fruit de gember in een pot in zaadolie tot hij geurig is.
b) Spoel de granen. Voeg toe aan de pot.
c) Voeg vloeistof naar keuze en versnipperd zeewier toe. Roer en breng aan de kook.
d) Kook de pap op middelhoog vuur tot alle granen zacht zijn en de ideale consistentie is bereikt.
e) Breng op smaak met zeezout of miso, sojasaus, honing of ahornsiroop en peper.

50. Pistachenoten Havermout

Maakt: 4

INGREDIËNTEN:
- 2 kopjes ouderwetse haver
- 2 ¼ kopjes water
- 2 ¼ kopjes melk
- ½ theelepel zout
- ¼ theelepel nootmuskaat
- 1 eetlepel honing
- 1 eetlepel gedroogde veenbessen
- 1 eetlepel gedroogde kersen
- 1 eetlepel geroosterde pistachenoten

INSTRUCTIES:
a) Voeg alle ingrediënten toe aan de Instant Pot, behalve de veenbessen, kersen en pistachenoten.
b) Sluit het deksel van het fornuis en druk op de functietoets "Handmatig".
c) Stel de tijd in op 6 minuten en kook onder hoge druk.
d) Na de piep laat u de druk op natuurlijke wijze los en verwijdert u het deksel.
e) Roer de bereide havermout door en serveer in een kom.
f) Garneer met veenbessen, kersen en pistachenoten erop.

51. Esdoorn Pecan Havermout

Maakt: 1

INGREDIËNTEN:
- 1/2 kop gerolde ouderwetse haver
- 1/2 kopje melk
- 1/2 kopje water
- 1 eerlijk snufje zout
- 2 theelepel verpakte bruine suiker of ahornsiroop
- 4 druppels esdoornextract, of naar smaak
- 2 eetlepels gehakte pecannoten

INSTRUCTIES:
a) in een middelgrote magnetronbestendige kom de haver, melk, water en zout door elkaar.
b) Verwarm in de magnetron 2 1/2 - 3 minuten.
c) Roer de bruine suiker en het esdoornextract erdoor.
d) Laat enkele minuten afkoelen. Top met pecannoten.

52. Braziliaanse notenovernachtingshaver

Maakt: 1

INGREDIËNTEN:
NACHTHAVER:
- 1/2 kopje ouderwetse haver
- 1 kopje kokosmelk
- 1 eetlepel chiazaad
- 1 eetlepel honing, agavenectar of ahornsiroop

TOPPINGEN:
- Paranoten, heel of grof gehakt
- Mango, gesneden of in blokjes
- Bananen, gesneden
- Geraspte kokosnoot

INSTRUCTIES
a) Combineer alle overnight oats **INGREDIËNTEN:** in een kom of een glazen pot.
b) Dek af en zet een nacht in de koelkast, of gedurende minimaal 6 uur.
c) Voeg 's morgens de toppings toe en nog wat kokosmelk als je een romigere textuur wilt.

53. Hazelnoot Havermout

INGREDIËNTEN:
HAVERMOUT
- 1 kop gerolde haver
- 2 kopjes ongezoete amandelmelk†
- ⅓ kopje Nederlands verwerkt cacaopoeder
- 2 theelepels oploskoffiekorrels
- 1,8 ons zuivelvrije pure chocolade, grof gehakt, verdeeld
- 2 eetlepels ahornsiroop
- 1 snufje zout

TOPPINGEN
- 1 banaan, in plakjes gesneden
- ½ kopje ongezoete kokosyoghurt
- 2 eetlepels hazelnootboter
- 1 eetlepel geroosterde ongezouten hazelnoten, gehakt

INSTRUCTIES
a) Voeg de haver, melk, cacaopoeder en oploskoffie toe aan een pan.
b) Breng het geheel zachtjes aan de kook en laat het vervolgens 7 - 10 minuten zachtjes koken, af en toe roeren.
c) Haal de pan van het vuur en roer de helft van de gehakte chocolade en alle ahornsiroop en zout erdoor.
d) Verdeel de havermout over de kommen.
e) Werk af met banaan, yoghurt, hazelnootboter, hazelnoten en de resterende gehakte chocolade.
f) Genieten!

54. Banaan Macadamia Noten Overnight Oats

Maakt: 1

INGREDIËNTEN:
- 1/2 kop ouderwetse gerolde haver
- 1/4 theelepel gemalen kardemom
- 1 snufje fijn zout
- 3/4 kopje magere melk, of melk naar keuze
- 1 scheutje puur vanille-extract
- 1/2 middelgrote banaan, in plakjes gesneden
- 1 eetlepel macadamianoten, droog geroosterd, gehakt
- 1 eetlepel ongezoete kokosnoot, geroosterd
- 1/2 theelepel hennepzaad
- 1/4 theelepel chiazaad
- 1 theelepel pure ahornsiroop

INSTRUCTIES

a) Voeg haver, kardemom, zout, melk en vanille toe in een kom of grote maatbeker. Roer om te combineren.

b) Doe het over in een pot of container met een goed sluitend deksel en laat het een nacht in de koelkast staan.

c) Geniet de volgende dag van koud of opwarmen, beleg met gesneden banaan, gehakte macadamianoten, geroosterde kokosnoot, chia en hennepzaad en besprenkel met ahornsiroop.

55. Havermout met dadel en pijnboompitten

Maakt: 1

INGREDIËNTEN:
- ½ kopje ouderwetse gerolde haver
- ½ kopje water
- Snufje zout
- 2 eetlepels gehakte dadels
- 1 eetlepel geroosterde pijnboompitten
- 1 theelepel honing
- ¼ theelepel gemalen kaneel

INSTRUCTIES
a) Combineer haver, water en zout in een pot of kom en roer.
b) Dek af en zet een nacht in de koelkast.
c) Verwarm 's morgens de haver, indien gewenst, of eet koud.
d) Werk af met dadels, pijnboompitten, honing en kaneel.

56. Pompoen Pecan Havermout

Maakt: 4 porties

INGREDIËNTEN:
- 3 kopjes water
- 1 theelepel pompoentaartkruid theelepel zout (optioneel)
- 2 kopjes haver (snel of ouderwets, ongekookt)
- 1 kopje ingeblikte pompoen (geen pompoentaartvulling) kopje volledig verpakte bruine suiker
- 18-ounce container vanille magere of magere yoghurt
- 3 eetlepels grof gesneden geroosterde pecannoten

INSTRUCTIES:
a) Breng in een middelgrote pan water, taartkruiden en zout aan de kook; roer de haver erdoor. Breng aan de kook; zet het vuur laag tot medium.
b) Kook 1 minuut voor snelle haver, 5 minuten voor ouderwetse haver of tot het meeste vocht is opgenomen, af en toe roerend.
c) Roer de pompoen en bruine suiker erdoor; kook 1 minuut.
d) Laat staan tot de gewenste consistentie.
e) Schep de havermout in vier ontbijtgranen. Werk af met yoghurt en pecannoten.

HAVERMOUTSNACK EN DESSERT

57. Vegetarische havermoutburgers

Maakt: 8 porties

INGREDIËNTEN:
- 3 theelepels plantaardige olie, verdeeld
- 1 kopje gesneden champignons
- 1 kop geraspte wortelen (ongeveer 2)
- 1 kopje gehakte ui (ongeveer 1 middelgrote)
- 1 kopje gehakte courgette (ongeveer 1 klein)
- 2 kopjes haver (snel of ouderwets, ongekookt)
- 115-ounce blik bruine bonen, gespoeld en uitgelekt
- 1 kopje gekookte witte of bruine rijst
- 1 kop gehakte verse koriander of bieslook (optioneel)
- 2 eetlepels sojasaus of theelepel zout
- 1 theelepel gehakte knoflook theelepel zwarte peper
- Hamburgerbroodjes en toppings (optioneel)

INSTRUCTIES:
a) Verhit 1 theelepel olie in een grote koekenpan met antiaanbaklaag. Voeg champignons, wortels, uien en courgette toe; kook op middelhoog vuur 5 minuten of tot de groenten gaar zijn.
b) Breng de groenten over naar de kom van de keukenmachine. Voeg haver, bonen, rijst, koriander, sojasaus, knoflook en peper toe. Pulseer ongeveer 20 seconden of tot alles goed gemengd is. Verdeel in acht kopjes . Vorm er pasteitjes van tussen vetvrij papier. Zet minstens 1 uur in de koelkast of tot het stevig is.
c) Verhit de resterende 2 theelepels olie in dezelfde koekenpan op middelhoog vuur. Kook de pasteitjes 3 tot 4 minuten aan elke kant of tot ze goudbruin zijn. Serveer op broodjes met toppings, indien gewenst.

58. Appel Havermout Kruidenkoekjes

Maakt: Ongeveer 3 dozijn

INGREDIËNTEN:
- 1 kopjes voor alle doeleinden van ons
- 1 theelepel zuiveringszout
- 1 theelepel gemalen kaneel theelepel zout (optioneel)
- 1 theelepel gemalen nootmuskaat (optioneel)
- 1 kopje verpakte bruine suikerbeker kristalsuiker
- 1 kopje lichte boter
- 1 kop ongezoete appelmoes of appelboter
- 1 ei
- 2 eetlepels magere melk
- 2 theelepels vanille
- 3 kopjes haver (snel of ouderwets, ongekookt)
- 1 kopje in blokjes gesneden gedroogd gemengd fruit of rozijnen

INSTRUCTIES:
a) Verwarm de oven tot 350 ° F. Spuit de bakplaten lichtjes in met kookspray.
b) Klop in een grote kom de suikers en de lichte boter met een elektrische mixer tot ze goed gemengd zijn. Voeg appelmoes, ei, melk en vanille toe; goed verslaan. Voeg gecombineerde baking soda, kaneel, zout en nootmuskaat toe; Meng goed. Roer haver en gedroogd fruit erdoor; goed mengen (het deeg zal vochtig zijn).
c) Laat het deeg met afgeronde eetlepels op bakplaten vallen en druk lichtjes aan .
d) Bak 12 tot 14 minuten of tot de randen licht goudbruin zijn. Koel 1 minuut op bakplaten; verwijder het op een rooster. Volledig afkoelen. Goed afgedekt bewaren.

59. Citroen-bosbessen-havermoutmuffins

Maakt: 1 dozijn

INGREDIËNTEN:
- 1 kopjes haver (snel of ouderwets, ongekookt), verdeeld
- 2 eetlepels. verpakte bruine suiker
- 1 kopje bloem voor alle doeleinden
- 1 kopje kristalsuiker
- 1 eetl. bakpoeder theelepel zout (optioneel)
- 1 kopje magere melk
- 2 eiwitten of een kopje eiervervanger met dooier of 1 ei
- 2 eetlepels. koolzaadolie
- 1 theelepel. geraspte citroenschil
- 1 theelepel. vanille
- 1 kop verse of bevroren bosbessen (niet ontdooien)

INSTRUCTIES:
a) Verwarm de oven tot 400 ° F. Spray 12 middelgrote kopjes met kookspray; opzij zetten.
b) Combineer voor het topping kopje haver en bruine suiker; opzij zetten.
c) Combineer de resterende 1 kopjes haver in een grote kom met de resterende droge ingrediënten; Meng goed. Meng in een kleine kom melk, eiervervanger, olie, citroenschil en vanille; Meng goed. Voeg toe aan droge ingrediënten; roer tot het bevochtigd is. (Niet te lang mengen.) Roer voorzichtig de bessen erdoor. Vul meerdere kopjes bijna vol; bestrooi met topping.
d) Bak 18 tot 22 minuten of tot ze licht goudbruin zijn. Laat de muns in de pan op een rooster 5 minuten afkoelen. Haal uit de pan. Serveer warm.

60. Abrikozen Havermout Muffins

Maakt: 1 dozijn

INGREDIËNTEN:
- 1 kop haver (snel of ouderwets, ongekookt)
- 1 kopje magere karnemelk
- 1 kopje eiervervanger of 2 eiwitten, lichtgeklopt
- 2 eetlepels margarine, gesmolten
- 1 kopje universele onze
- 1 kopje fijngehakte gedroogde abrikozen kopje gehakte noten (optioneel)
- 3 eetlepels kristalsuiker
- 1 theelepel bakpoeder theelepel zuiveringszout theelepel zout (optioneel)

INSTRUCTIES:
a) Verwarm de oven tot 400 ° F. Spuit twaalf middelgrote kopjes licht in met kookspray.
b) Meng haver en karnemelk in een middelgrote kom; Meng goed. Laat 10 minuten staan. Roer de eiervervanger en de margarine erdoor tot het gemengd is.
c) Meng in een grote kom de abrikozen, noten, suiker of zoetstof, bakpoeder, zuiveringszout en zout; Meng goed. Voeg het havermengsel in één keer toe; roer totdat de droge ingrediënten bevochtigd zijn . (Niet te lang mixen.) Vul meerdere kopjes bijna vol.
d) Bak 20 tot 25 minuten of tot ze goudbruin zijn. Koel de muns in de pan op een rooster 5 minuten; uit de pan halen. Serveer warm.

61. Havermout Zalmbrood

Maakt: 8 porties

INGREDIËNTEN:
SAUS
- 1 kopje bevroren erwten, ontdooid
- 1 kopje magere yoghurt
- 1 eetlepel mosterd in Dijon-stijl
- 1 eetlepel gehakte verse dille-wiet of 1 theelepel gedroogde dille Zwarte peper, naar smaak

BROOD
- 2 blikjes (elk 15 oz) zalm, uitgelekt, vel en botten verwijderd
- 1 kop geraspte wortelen
- 1 kop haver (snel of ouderwets, ongekookt)
- 1 kopje magere yoghurtbeker, gesneden groene uien
- 1 blikje (2 oz.) gesneden rijpe olijven (optioneel)
- 3 eiwitten, lichtgeklopt
- 1 kopje gehakte groene paprika
- 1 eetlepel Dijon-stijl mosterd theelepel zwarte peper

INSTRUCTIES:
a) Voor de saus: combineer alle ingrediënten in een kleine kom; Meng goed. Dek af en laat afkoelen.
b) Verwarm de oven tot 350 ° F. Spuit een broodvorm van 8 x 4 inch of 9 x 5 inch in met kookspray.
c) Voor brood: combineer alle broodingrediënten in een grote kom; meng licht maar grondig. Druk in de pan; bak 50 tot 60 minuten of tot ze licht goudbruin zijn. Laat 5 minuten staan voordat u gaat snijden. Serveer onmiddellijk met saus.

62. Havermout Brownies

Maakt: 24 repen

INGREDIËNTEN:
- 1 kopje plantaardige olie
- 3 vierkanten (3 ounces) ongezoete chocolade
- 1 kopje kristalsuiker kopje appelmoes
- 4 eiwitten of 2 eieren, lichtgeklopt
- 1 theelepel vanille
- 1 kop haver (snel of ouderwets, ongekookt)
- 1 kopje universele onze
- 1 theelepel bakpoeder theelepel zout (optioneel)
- 1 eetlepel poedersuiker

INSTRUCTIES:
a) Verwarm de oven tot 350 ° F. Spuit alleen de onderkant van een bakvorm van 13 x 9 inch lichtjes in met kookspray.
b) Verhit de olie en chocolade in een grote pan op laag vuur tot de chocolade is gesmolten , onder regelmatig roeren. Haal van het vuur. Roer de kristalsuiker en appelmoes erdoor tot de suiker is opgelost . Roer het eiwit en de vanille erdoor tot het volledig gemengd is.
c) Voeg gecombineerde haver, onze, bakpoeder en zout toe ; Meng goed. Verdeel gelijkmatig in de pan.
d) Bak 22 tot 25 minuten of totdat de randen van de zijkanten van de pan beginnen los te trekken.
e) Laat volledig afkoelen in de pan op een rooster. In repen snijden. Goed afgedekt bewaren.
f) Bestrooi vlak voor het serveren met poedersuiker.

63. Verdwijnende havermout-rozijnenkoekjes

Maakt: 4 dozijn

INGREDIËNTEN:
- 1 pond (2 stokjes) margarine of boter, verzacht
- 1 kopje goed verpakte bruine suikerbeker kristalsuiker
- 2 eieren
- 1 theelepel vanille
- 1 kopjes voor alle doeleinden van ons
- 1 theelepel zuiveringszout
- 1 theelepel gemalen kaneel theelepel zout (optioneel)
- 3 kopjes haver (snel of ouderwets, ongekookt)
- 1 kopje rozijnen

INSTRUCTIES:
a) Verwarm de oven tot 350 ° F. Klop de margarine en de suikers in een grote kom tot een romig mengsel. Voeg eieren en vanille toe; goed verslaan. Voeg gecombineerde baking soda, kaneel en zout toe; Meng goed. Voeg haver en rozijnen toe; Meng goed.
b) Laat het deeg met afgeronde eetlepels op niet-ingevette bakplaten vallen.
c) Bak 10 tot 12 minuten of tot ze licht goudbruin zijn. Koel 1 minuut op bakplaten; verwijder het op een rooster. Volledig afkoelen. Goed afgedekt bewaren.

64. Rauwe bessenchips

Porties: 6-8

INGREDIËNTEN:
- 30 ons gemengde bessen (aardbeien, bosbessen, frambozen)
- 2 kopjes rauwe walnoten of rauwe pecannoten
- 1/4 kopje ongekookte havermout
- 2 eetlepels ahornsiroop
- 1/4 theelepel uienpoeder

Routebeschrijving:
a) Meng in een grote kom de gesneden aardbeien en andere gewassen bessen.
b) Bereid de topping in een keukenmachine en pulseer alle ingrediënten tot ze net gemengd zijn.
c) Voeg in een braadpan van 1,4 liter het grootste deel van het bessenmengsel toe, maar laat ongeveer een paar eetlepels over. Gelijkmatig verdelen.
d) Giet nu het grootste deel van de topping over de bessen en bewaar een paar eetlepels.
e) Strooi nu de overgebleven bessen erover en als laatste de rest van de topping.
f) Serveer onmiddellijk of zet 1 uur in de koelkast.

65. Ongekookte boekweit-kurkuma-pap

DIENSTEN 1

INGREDIËNTEN:
- 1/2 kop rauwe boekweitgrutten
- 1/3 kopje haver-, amandel- of sojamelk
- 1 banaan, geschild en gehakt
- 1/3 theelepel gemalen kurkuma
- 1 snufje gemalen zwarte peper

Routebeschrijving
a) Voeg al je **INGREDIËNTEN TOE:** aan je blenderkan of staafmixer en mix alsof er geen morgen is. Een kleine keukenmachine kan het wel mixen, maar het kan zijn dat je het niet zo soepel krijgt.
b) Serveer, gegarneerd met alles wat je hartje begeert.
c) Vers fruit, knapperige granola, cacaonibs en geroosterde noten zijn allemaal heerlijk.

66. Ontbijt Zinger repen

Voor 5-6 porties

INGREDIËNTEN:
- 10 ontpitte Medjool-dadels
- 1/4 kop gouden bessen
- 1 kopje glutenvrije havermout
- schil van een citroen

Routebeschrijving

a) Doe de haver in je keukenmachine en verwerk totdat de haver in kleine stukjes uiteenvalt.
b) Voeg de gouden bessen, dadels en citroen toe en verwerk tot het mengsel plakkerig is.
c) Zodra het mengsel plakkerig is, vorm je er repen van.
d) Zet de bovenkanten een week in de koelkast. Voel je vrij om de hoeveelheid te verdubbelen om meer Zinger Bars te maken!

67. Kokos-havermoutkoekjes

Porties: 24

INGREDIËNTEN ::
- 1 1/4 kopjes glutenvrije havermout
- 1/4 kopje niet-zuivelmelk
- 1/2 kopje kokossuiker
- 2 theelepels gemalen lijnzaad
- 6 eetlepels groentebouillon
- 1/3 kopje amandelboter
- 1/2 kop geraspte kokosnoot
- 1 theelepel vanille-extract
- 1/4 theelepel zout

INSTRUCTIES:
a) Verwarm de oven voor op 325 ° F.
b) Klop in een pan de niet-zuivelmelk en het gemalen lijnzaad onder voortdurend roeren door elkaar. Wanneer het mengsel kookt, haal het dan van het vuur en zet het opzij.
c) Meng in een mengkom de helft van de ahornsiroop, de groentebouillon en de amandelboter.
d) Meng het vlasmengsel, het zout en het vanille-extract erdoor. Meng de haver, kokosnoot en de resterende siroop tot alles goed gemengd is. Wacht tot het deeg erg dik is.
e) Schep het deeg met een schep of lepel op een bakplaat, ongeveer 2 centimeter uit elkaar.
f) Bak tot de bodem lichtbruin is en laat volledig afkoelen voordat je het serveert.

68. Santa Fe zwarte bonenburger

Porties: 2

INGREDIËNTEN ::
- 14oz biologische zwarte bonen, uitgelekt en gespoeld
- 2 eetlepels groentebouillon
- 1/4 kop haver, gerold
- 1/2 theelepel knoflookpoeder
- 1/4 kopje vlasmaaltijd
- 1/4 kop dikke salsa
- 1 theelepel komijn
- 1/2 theelepel cayennepeper
- 1/2 theelepel roze zout
- Maïsmeel, om te bestuiven

INSTRUCTIES:
a) Pureer de zwarte bonen met een vork in een middelgrote mengkom. Je kunt wat stukjes achterlaten voor de textuur.
b) Combineer de haver, amandelmeel, kruiden, zout en salsa in een mengkom. Meng nog een keer en gebruik gerust je handen.
c) Voeg meer vlasmeel of amandelmeel toe als het mengsel te nat is. Controleer de smaak.
d) Verdeel het mengsel en vorm er pasteitjes van het gewenste formaat. Eventueel licht bestrooien met maïsmeel.
e) Kookplaat: Verhit 2 eetlepels groentebouillon in een middelgrote koekenpan. Kook ongeveer 5 minuten aan elke kant.
f) Oven (olievrij): Verwarm de oven voor op 350 °F. Bekleed een bakplaat met bakpapier en plaats de pasteitjes erop. Bak gedurende 10-15 minuten op het middelste rek van de oven, draai dan om en herhaal.

69. 7 granen havermoutcake

Voor: 1 taart

INGREDIËNTEN ::
- CRÈME SAMEN:
- 1 kopje AM Canola-olie
- 2 kopjes Ahornsiroop
- 1½ theelepel Vanille MIX TOT GLAD:
- 2 kopjes AM ongebleekte witte bloem
- ⅜ kopje AM sojameel
- ½ kopje koud water
- ½ kopje sojamelk
- 1½ theelepel Geraspte citroenschil
- 1½ theelepel zeezout (optioneel)
- 3 eiwitten
- 2 theelepels Kaneel
- 2 theelepels Non-aluin bakpoeder MENG DE BOVENSTAANDE 2 MENGSELS SAMEN EN VOEG TOE:
- 1 kopje gekookt AM 7 graangranen
- 5 kopjes AM-gerolde haver
- ½ kopje rozijnen (optioneel)
- ½ kopje Gehakte noten

INSTRUCTIES:

a) Meng goed en vul de ingeoliede cakevorm voor ¾ vol. Bak 350 F. tot licht goudbruin. Dit is geen erg zoete taart. Kan geserveerd worden met appelboter, honing enz.

70. Amish havermoutcake

Maakt: 12 porties

INGREDIËNTEN ::
- 1 kopje ongekookt 1 min snelle havermout
- 1½ kopje kokend water
- 1½ kopje bloem
- ½ theelepel zuiveringszout
- ½ theelepel kaneel
- ½ theelepel Nootmuskaat
- ½ theelepel zout
- ½ kopje boter; verzacht
- 1 theelepel vanille-extract
- 1 kopje bruine suiker
- 1 kopje kristalsuiker
- 2 eieren

INSTRUCTIES:

a) Doe de haver in een kleine kom en giet het kokende water erover. Laat 20 minuten staan. Verwarm de oven voor op 350 F. Zeef de bloem, bakpoeder, kaneel, nootmuskaat en zout op vetvrij papier. Opzij zetten. Klop de boter in een grote mengkom romig. Voeg de vanille toe en voeg geleidelijk de suikers toe, klop tot een luchtig geheel. Klop de eieren één voor één door het mengsel. Voeg het havermoutmengsel toe en meng. Voeg het bloemmengsel toe en meng opnieuw. Giet het beslag in een geoliede pan van 13 x 8 inch. Bak gedurende 35 minuten, of totdat de bovenkant van de cake terugveert wanneer deze met de vingertop wordt aangeraakt.

71. Cacao-havermoutcake

Maakt: 1 porties
INGREDIËNTEN ::
- 1¼ kopje kokend water
- 1½ kop Snel kokende gerolde haver
- 1½ kopje bloem voor alle doeleinden of ongebleekte bloem
- 2 eetlepels cacao
- 1 theelepel zuiveringszout
- 1 theelepel bakpoeder
- 1 theelepel kaneel
- 1 scheutje zout
- ½ kopje margarine of boter; verzacht
- 1 kop Stevig verpakte bruine suiker
- ½ kopje suiker
- 2 eieren
- ½ kopje rozijnen
- 2 eetlepels margarine of boter; verzacht
- ¾ kopje Stevig verpakte bruine suiker
- 2 eetlepels Melk
- 1 kopje knapperige rijstgranen

TAART
TOPPING

INSTRUCTIES:

a) Verwarm de oven tot 350F. Vet en bloem 13 x 9-inch pan. Combineer kokend water en gerolde haver in een middelgrote kom; laat 20 minuten staan. Schep de bloem lichtjes in de maatbeker; afvlakken. Meng bloem, cacao, zuiveringszout, bakpoeder, kaneel en zout in een middelgrote kom. Meng in een grote kom margarine, bruine suiker, suiker en eieren; klop tot romig. Voeg havermengsel en bloemmengsel toe; Meng goed. Rozijnen erdoor roeren. Verspreid in voorbereide pan. Bak op 350°C gedurende 30 tot 35 minuten of totdat de tandenstoker die je in het midden steekt er schoon uitkomt.

b) Meng de topping in een kleine kom . **INGREDIËNTEN :;** goed mengen. Verdeel gelijkmatig over de hete cake. Rooster 15 tot 20 centimeter van het vuur gedurende 1 tot 2 minuten of tot de topping bruist. Haal uit de oven; Verdeel indien nodig de topping om de bovenkant van de cake te bedekken. Volledig afkoelen.

72. Havermoutcake met kokos-pecannoten

Maakt: 12 porties

INGREDIËNTEN ::
- 1⅓ kopje bloem
- 1 theelepel zuiveringszout
- ½ theelepel bakpoeder
- 1 theelepel zout
- ½ theelepel Gemalen kaneel
- 1 kopje gerolde haver
- 8 eetlepels ongezouten boter - op kamer
- 6 eetlepels ongezouten boter - bij kamertemperatuur
- 1 kopje bruine suiker
- ¼ kopje Melktemp
- 1 kopje suiker
- 3 eetlepels suiker
- 2 theelepels Vanille-extract
- 2 grote eieren -- bij kamertemperatuur.
- 1⅓ kopje Kokend water
- 1 theelepel vanille-extract
- ½ kopje pecannoten - gehakt
- ½ kopje kokosnoot - versnipperd

TAART

TOPPING

INSTRUCTIES:

a) Verwarm de oven voor op 350 graden. Vet een bakvorm van 11 x 7 lichtjes in met boter of olie. Zeef voor de cake de bloem, baking soda, bakpoeder, zout en kaneel in een kleine kom. Doe de haver in een middelgrote kom. Klop de boter, suiker en vanille samen in een tweede middelgrote mengkom met een elektrische mixer op gemiddelde snelheid tot het licht en luchtig is, ongeveer 2 minuten. Stop de mixer twee keer om de kom schoon te schrapen met een rubberen spatel. Voeg de eieren één voor één toe aan het botermengsel en meng op gemiddelde snelheid na elke toevoeging tot het gemengd is, 10 seconden. Schraap de kom elke keer schoon. Giet het kokende water over de havermout en roer meerdere keren met een houten lepel. Voeg de havermout toe aan het eimengsel en meng op gemiddelde snelheid tot het gemengd is, ongeveer 6 tot 7 seconden. Spatel de droge ingrediënten gedeeltelijk met de hand door het beslag en maak daarbij meerdere brede bewegingen.

b) Meng vervolgens op gemiddelde snelheid tot alle ingrediënten gemengd zijn , ongeveer 10 seconden. Schraap de kom. Giet het beslag in de voorbereide pan. Bak de cake op het middelste ovenrek tot de bovenkant goudbruin is en terugveert, 25 tot 30 minuten. Haal de taart uit de oven en laat hem 15 minuten afkoelen. Maak ondertussen de topping klaar. Doe alle ingrediënten in een middelgrote mengkom en roer krachtig met een garde tot ze gemengd zijn. Verwarm de grill voor. Verdeel de topping met een spatel over de taart en plaats de taart vervolgens op een bakplaat. Plaats de cake op het middelste rek. Met de oven- of grilldeur open, rooster en draai de pan meerdere keren, totdat de topping een diep gouden kleur krijgt, 5 tot 6 minuten.

73. Luie madeliefje havermoutcake

Voor: 1 9\" taart

INGREDIËNTEN ::
- 1¼ kopje kokend water
- 1 kop Quaker Oats, ongekookt (snel of ouderwets)
- ½ kopje Boter of margarine; zacht
- 1 kopje kristalsuiker
- 1 kopje bruine suiker, stevig verpakt
- 1 theelepel vanille
- 2 eieren
- 1½ kop Gezeefd bloem voor alle doeleinden
- 1 theelepel frisdrank
- ½ theelepel zout
- ¾ theelepel kaneel
- ¼ theelepel Nootmuskaat
- ¼ kopje Boter of margarine; gesmolten
- ½ kopje bruine suiker, stevig verpakt
- 3 eetlepels Halve en halve of lichte room
- ½ kopje Gehakt notenvlees
- ¾ kopje Gevlokte of geraspte kokosnoot

INSTRUCTIES:
TAART
LUIE MADELIEFJES glazuur

a) Giet voor cake kokend water over haver; roer om te combineren. Dek af en laat 20 minuten staan. Klop de boter romig; Voeg geleidelijk suiker toe en klop tot het luchtig is. Meng de vanille en eieren erdoor. Voeg havermengsel toe; goed mengen. Zeef de bloem, frisdrank, zout en kruiden. Voeg toe aan het afgeroomde mengsel; goed mengen.

b) Giet het beslag in een goed ingevette en met bloem bestoven vierkante bakvorm van 9 inch.

c) Bak in een voorverwarmde gematigde oven (350 F.) 50 tot 55 minuten. Haal de cake niet uit de pan.

d) Voor het glazuur combineer je alle ingrediënten. Verdeel gelijkmatig over de taart. Rooster tot het glazuur bubbelt. Serveer warm of koud.
e) CACAOHAVERMEELCAKE: Verhoog het kokende water tot 1⅓ kopjes in het bovenstaande recept. Gebruik 3 eetlepels cacao in plaats van de kaneel en nootmuskaat.
f) Bereid en bak zoals hierboven.

74. Havermout kokoscake

Maakt: 8 porties

INGREDIËNTEN ::
- 1¼ kopje kokend water
- 1 kopje ongekookte havermout
- ½ kopje Boter of margarine
- 1 kopje suiker
- 1 kopje bruine suiker, stevig verpakt
- 1 theelepel vanille
- 2 eieren
- 1½ kopje bloem
- 1 theelepel zuiveringszout
- ½ theelepel zout
- ¾ theelepel kaneel
- ¼ theelepel Nootmuskaat
- ¼ kopje Gesmolten boter of margarine
- ½ kopje bruine suiker, stevig verpakt
- 3 eetlepels Halve en halve of lichte room
- ½ kopje Gehakte noten
- ¾ kopje kokosnootvlokken

INSTRUCTIES:

TAART

TOPPING

a) Voor cake: Giet kokend water over de haver, roer om te combineren, dek af en laat 20 minuten staan. Klop de boter romig en voeg geleidelijk de suikers toe, kloppend tot het luchtig is. Meng de vanille en de eieren erdoor, voeg toe aan het havermengsel en meng goed. Zeef de bloem, frisdrank, zout en kruiden in een aparte kom en voeg toe aan het romige mengsel, meng goed. Giet het beslag in een goed ingevette en met bloem bestoven bakvorm van 9 x 13 inch. Bak op 350 graden gedurende 50 tot 55 minuten.

b) Voor de topping: combineer alle ingrediënten gelijkmatig verdeeld over de cake en rooster tot het glazuur bubbelt.

75. Havermout peperkoek

Maakt: 6 porties

INGREDIËNTEN ::
- 2½ kopje Heet water
- 3½ stokjes boter
- 2 kopjes Quaker-haver
- 2 kopjes suiker
- 3½ kopje bruine suiker
- 4 eieren
- ½ theelepel zout
- 2 theelepels zuiveringszout
- 2 theelepels Kaneel
- 3 kopjes bloem
- 1½ kopje pecannoten
- 2 kopjes kokosnoot
- ½ kopje melk
- 1 kopje rozijnen

INSTRUCTIES:
a) Verwarm de oven voor op 350. Combineer: water, haver en 2 scheuten boter en laat 20 minuten staan. Voeg 2 kopjes witte en bruine suiker toe, 4 eieren, en meng zout, kaneel en 3 kopjes bloem. Goed mengen.
b) Meng een kopje rozijnen erdoor en giet het in een pan van 9 x 13 en bak gedurende 55 minuten. Koel af voordat u het glazuur erop smeert.
c) glazuur: combineer in een sauspan van 2½ liter 1 ½ kopje bruine suiker, 1 ½ klontjes boter, kokosnoot, 1 ½ kopje pecannoten en ½ kopje melk en verwarm tot alles goed gemengd is.
d) Plaats de cake na het glazuur 2 tot 5 minuten onder de grill. om de kokosnoot te roosteren.

Maakt: 10 porties

INGREDIËNTEN ::
- 2 kopjes bloem, gezeefd
- 1 kop havermout
- 2 theelepels zuiveringszout
- ¼ theelepel zout
- 2 theelepels Kaneel
- 1 theelepel Kruidnagelen, gemalen
- 2 kopjes noten; gehakt
- ¼ theelepel Nootmuskaat, gemalen
- 2 kopjes rozijnen; gehakt
- 1 kopje dadels; gehakt
- ½ kopje bakvet
- ¾ kopje suiker, bruin
- 2 eieren; goed geslagen
- 2 kopjes appelmoes, dik

INSTRUCTIES:

a) Meng de bloem, havermout, frisdrank, zout en kruiden; Meng ongeveer een half kopje met de noten en vruchten.

b) Crème het bakvet tot het zacht en glad is; Voeg geleidelijk de suiker toe, schuim tot een luchtig mengsel en klop de eieren erdoor.

c) Voeg het bloemmengsel afwisselend met de appelmoes toe en klop goed na elke toevoeging; klop het fruit-notenmengsel erdoor.

d) Verander in ingevette broodpannen en bak ongeveer 1 uur in een matig langzame oven (325 F.).

76. Havermout appelmoes cake

77. **Bosbessen-rabarbertaart**

Maakt: 7 porties

INGREDIËNTEN :: _
TAARTVULLING:
- 4 kopjes gehakte, verse rabarber
- 2 kopjes verse bosbessen
- 2 eetlepels gesmolten boter
- 1-⅓ kopje witte suiker
- ⅔ kopje vier

VERkruimel BOVENKANT:
- ½ kopje (1 stokje) gesmolten boter
- 1 kopje bloem
- 1 kopje haver
- 1 kopje geperste bruine suiker
- 1 theelepel kaneel

77. Bosbessen-rabarbertaart

Maakt: 7 porties

INGREDIËNTEN :: _
TAARTVULLING:
- 4 kopjes gehakte, verse rabarber
- 2 kopjes verse bosbessen
- 2 eetlepels gesmolten boter
- 1-⅓ kopje witte suiker
- ⅔ kopje vier

VERkruimel BOVENKANT:
- ½ kopje (1 stokje) gesmolten boter
- 1 kopje bloem
- 1 kopje haver
- 1 kopje geperste bruine suiker
- 1 theelepel kaneel

Maakt: 10 porties

INGREDIËNTEN ::
- 2 kopjes bloem, gezeefd
- 1 kop havermout
- 2 theelepels zuiveringszout
- ¼ theelepel zout
- 2 theelepels Kaneel
- 1 theelepel Kruidnagelen, gemalen
- 2 kopjes noten; gehakt
- ¼ theelepel Nootmuskaat, gemalen
- 2 kopjes rozijnen; gehakt
- 1 kopje dadels; gehakt
- ½ kopje bakvet
- ¾ kopje suiker, bruin
- 2 eieren; goed geslagen
- 2 kopjes appelmoes, dik

INSTRUCTIES:

a) Meng de bloem, havermout, frisdrank, zout en kruiden; Meng ongeveer een half kopje met de noten en vruchten.

b) Crème het bakvet tot het zacht en glad is; Voeg geleidelijk de suiker toe, schuim tot een luchtig mengsel en klop de eieren erdoor.

c) Voeg het bloemmengsel afwisselend met de appelmoes toe en klop goed na elke toevoeging; klop het fruit-notenmengsel erdoor.

d) Verander in ingevette broodpannen en bak ongeveer 1 uur in een matig langzame oven (325 F.).

76. Havermout appelmoes cake

75. Havermout peperkoek

Maakt: 6 porties

INGREDIËNTEN ::
- 2½ kopje Heet water
- 3½ stokjes boter
- 2 kopjes Quaker-haver
- 2 kopjes suiker
- 3½ kopje bruine suiker
- 4 eieren
- ½ theelepel zout
- 2 theelepels zuiveringszout
- 2 theelepels Kaneel
- 3 kopjes bloem
- 1½ kopje pecannoten
- 2 kopjes kokosnoot
- ½ kopje melk
- 1 kopje rozijnen

INSTRUCTIES:
a) Verwarm de oven voor op 350. Combineer: water, haver en 2 scheuten boter en laat 20 minuten staan. Voeg 2 kopjes witte en bruine suiker toe, 4 eieren, en meng zout, kaneel en 3 kopjes bloem. Goed mengen.
b) Meng een kopje rozijnen erdoor en giet het in een pan van 9 x 13 en bak gedurende 55 minuten. Koel af voordat u het glazuur erop smeert.
c) glazuur: combineer in een sauspan van 2½ liter 1 ½ kopje bruine suiker, 1 ½ klontjes boter, kokosnoot, 1 ½ kopje pecannoten en ½ kopje melk en verwarm tot alles goed gemengd is.
d) Plaats de cake na het glazuur 2 tot 5 minuten onder de grill. om de kokosnoot te roosteren.

INSTRUCTIES:
TAARTVULLING:
a) Spuit de bodem van een 23 cm diepe taartvorm in met spray.
b) Bekleed de pan met een taartbodem . Als u een crumble-bovenkant maakt, kerf dan de randen van de korst voordat u deze vult.
c) Verdeel ¼ kopje bloem gelijkmatig over de bodem van de taartbodem voordat u de taartvulling toevoegt.
d) Combineer alle taartvulling **INGREDIËNTEN :** , en druk het in de taartbodem.

VERkruimel BOVENKANT:
e) Combineer alle ingrediënten tot ze goed gemengd en kruimelig zijn.

BAKKEN:
f) Voeg de crumblebovenkant toe aan de taartvulling en verdeel gelijkmatig. Als u een taartbodem gebruikt , leg dan de hele taartvulling erop en druk de randen van de bovenste taartbodem tegen de onderste korst, waarbij u de randen schuin maakt. Maak inkepingen in de bovenste korst, zodat de taart kan stomen. Spuit de bovenkorst in met pannenspray en bestrooi goed met 5 eetlepels suiker in de rauwkost.
g) Dek af met aluminiumfolie en bak op 350 graden gedurende 1 uur (minder als u een heteluchtoven gebruikt)
h) Laat de taart volledig afkoelen voordat je hem serveert.

78. **Appeltaart**

Maakt: 7 porties

INGREDIËNTEN :: _

TAARTVULLING:
- 8 Granny Smith-appels, geschild en in plakjes gesneden (7 appels als de appels erg groot zijn)
- 2 eetlepels gesmolten boter
- ⅔ kopje bloem
- 1 kopje witte suiker
- 1 theelepel kaneel

VERkruimel BOVENKANT:
- ½ kopje (1 stokje) gesmolten boter
- 1 kopje bloem
- 1 kopje haver
- 1 kopje geperste bruine suiker
- 1 theelepel kaneel

INSTRUCTIES:

TAARTVULLING:
a) Spuit de bodem van een 23 cm diepe taartvorm in met spray.
b) Bekleed de pan met een taartbodem. Als u een crumble-bovenkant maakt, kerf dan de randen van de korst voordat u deze vult.
c) Verdeel ¼ kopje bloem gelijkmatig over de bodem van de taartbodem voordat u de taartvulling toevoegt.
d) Combineer alle taartvulling **INGREDIËNTEN :**, en druk het in de taartbodem. De taart zal behoorlijk groot zijn.

VERkruimel BOVENKANT:
e) Combineer alle ingrediënten tot ze goed gemengd en kruimelig zijn.

BAKKEN:
f) Voeg de crumblebovenkant toe aan de taartvulling en verdeel gelijkmatig. Als u een taartbodem gebruikt, leg dan de hele taartvulling erop en druk de randen van de bovenste taartbodem tegen de onderste korst, waarbij u de randen schuin maakt.

g) Maak inkepingen in de bovenste korst, zodat de taart kan stomen. Spuit de bovenkorst in met pannenspray en bestrooi goed met 5 eetlepels suiker in de rauwkost.
h) Bedek met aluminiumfolie en bak op 350 graden gedurende 1 uur (minder als u een heteluchtoven gebruikt)
a) Laat de taart volledig afkoelen voordat je hem serveert.

79. Perzikkruimeltaart

Maakt 8 porties
INGREDIËNTEN :: _
- 1 1/4 kopjes bloem voor alle doeleinden
- ¼ theelepel zout
- ½ theelepel suiker
- ½ kopje veganistische margarine, in kleine stukjes gesneden
- 2 eetlepels koud water, plus meer indien nodig
- rijpe perziken, geschild, ontpit en in plakjes gesneden
- 1 theelepel veganistische margarine
- 2 eetlepels suiker
- ½ theelepel gemalen kaneel

Topping
- ¾ kopje ouderwetse haver
- ½ kopje veganistische margarine, verzacht
- 2 eetlepels suiker
- 1 theelepel gemalen kaneel
- ¼ theelepel zout

INSTRUCTIES:

a) Maak de korst: Meng de bloem, het zout en de suiker in een grote kom. Gebruik een blender of vork om de margarine erdoor te snijden totdat het mengsel op grove kruimels lijkt. Voeg het water beetje bij beetje toe en meng tot het deeg net aan elkaar begint te plakken.

b) Maak het deeg plat tot een schijf en wikkel het in plasticfolie. Zet 30 minuten in de koelkast terwijl je de vulling klaarmaakt.

c) Verwarm de oven voor op 425 ° F. Rol het deeg uit op een licht met bloem bestoven werkblad tot een diameter van ongeveer 25 cm. Plaats het deeg in een 9-inch taartvorm en snij en krimp de randen. Verdeel de perzikplakken in de korst. Strooi de margarine erover en bestrooi met suiker en kaneel. Opzij zetten.

d) Maak de topping: combineer de haver, margarine, suiker, kaneel en zout in een middelgrote kom. Meng goed en strooi over het fruit.

e) Bak tot het fruit bubbelt en de korst goudbruin is, ongeveer 40 minuten. Haal uit de oven en laat iets afkoelen, 15 tot 20 minuten. Serveer warm.

80. Verse fruittaart zonder bakken

Maakt 8 porties

INGREDIËNTEN :: _
- 1 1/2 kopjes veganistische havermoutkoekjeskruimels
- ¼ kopje veganistische margarine
- 1 pond stevige tofu, goed uitgelekt en geperst (zie Tofu)
- ¾ kopje suiker
- 1 theelepel puur vanille-extract
- 1 rijpe perzik, ontpit en in plakjes van 1/4 inch gesneden
- 2 rijpe pruimen, ontpit en in plakjes van 1/4 inch gesneden
- ¼ kopje perzikconserven
- 1 theelepel vers citroensap

INSTRUCTIES:
a) Vet een 9-inch taartvorm in en zet opzij. Meng in een keukenmachine de kruimels en de gesmolten margarine en verwerk tot de kruimels bevochtigd zijn. Druk het kruimelmengsel in de voorbereide taartvorm. Koel tot het nodig is.
b) Meng de tofu, suiker en vanille in de keukenmachine en verwerk tot een gladde massa. Verdeel het tofumengsel over de gekoelde korst en zet het 1 uur in de koelkast.
c) Verdeel het fruit decoratief over het tofumengsel. Opzij zetten.
d) Meng in een kleine hittebestendige kom de conserven en het citroensap en zet de magnetron in de magnetron tot ze gesmolten zijn, ongeveer 5 seconden. Roer en sprenkel over het fruit. Zet de taart minimaal 1 uur in de koelkast voordat u deze serveert, zodat de vulling kan afkoelen en het glazuur kan intrekken.

81. Rabarber Taart

Maakt: 7 porties

INGREDIËNTEN :: _

TAARTVULLING:
- 8 Granny Smith-appels, geschild en in plakjes gesneden (7 appels als de appels erg groot zijn)
- 2 eetlepels gesmolten boter
- ⅔ kopje bloem
- 1 kopje witte suiker
- 1 theelepel kaneel

VERkruimel BOVENKANT:
- ½ kopje (1 stokje) gesmolten boter
- 1 kopje bloem
- 1 kopje haver
- 1 kopje geperste bruine suiker
- 1 theelepel kaneel

INSTRUCTIES:

TAARTVULLING:
a) Spuit de bodem van een 23 cm diepe taartvorm in met spray.
b) Bekleed de pan met een taartbodem. Als u een crumble-bovenkant maakt, kerf dan de randen van de korst voordat u deze vult.
c) Verdeel ¼ kopje bloem gelijkmatig over de bodem van de taartbodem voordat u de taartvulling toevoegt.
d) Combineer alle taartvulling **INGREDIËNTEN :** , en druk het in de taartbodem. De taart zal behoorlijk groot zijn.

VERkruimel BOVENKANT:
e) Combineer alle ingrediënten tot ze goed gemengd en kruimelig zijn.

BAKKEN:
f) Voeg de crumblebovenkant toe aan de taartvulling en verdeel gelijkmatig. Als u een taartbodem gebruikt, leg dan de hele taartvulling erop en druk de randen van de bovenste taartbodem tegen de onderste korst, waarbij u de randen schuin maakt.

g) Maak inkepingen in de bovenste korst, zodat de taart kan stomen. Spuit de bovenkorst in met pannenspray en bestrooi goed met 5 eetlepels suiker in de rauwkost.
h) Bedek met aluminiumfolie en bak op 350 graden gedurende 1 uur (minder als u een heteluchtoven gebruikt)
i) Laat de taart volledig afkoelen voordat je hem serveert.

82. Tropische Kokospudding

Maakt: 2 porties

INGREDIËNTEN :: _
- ¾ kopje ouderwetse glutenvrije haver
- ½ kopje ongezoete geraspte kokosnoot
- 2 kopjes water
- 1¼ kopjes kokosmelk
- ½ theelepel gemalen kaneel
- 1 banaan, in plakjes gesneden

INSTRUCTIES:
a) Meng de haver, kokosnoot en water in een kom. Dek af en laat een nacht afkoelen.
b) Breng het mengsel over in een kleine pan.
c) Voeg de melk en de kaneel toe en laat ongeveer 12 minuten op middelhoog vuur sudderen.
d) Haal van het vuur en laat 5 minuten staan.
e) Verdeel over 2 kommen en garneer met de plakjes banaan.

83. Havermout-kaneelijs

Maakt ongeveer 1 kwart

INGREDIËNTEN :: _
- Lege ijsbasis
- 1 kopje haver
- 1 eetlepel gemalen kaneel

INSTRUCTIES:

a) Bereid de blanco basis voor volgens de instructies.

b) Meng de haver en kaneel in een kleine koekenpan op middelhoog vuur. Rooster, regelmatig roerend, gedurende 10 minuten, of tot ze bruin en aromatisch zijn.

c) Om te laten trekken, voeg je de geroosterde kaneel en haver toe aan de basis zodra ze van het vuur komen en laat je ze ongeveer 30 minuten trekken . Gebruik een zeef die boven een kom is geplaatst; zeef de vaste stoffen en druk ze erdoor om ervoor te zorgen dat je zoveel mogelijk van de gearomatiseerde room krijgt. Er kan een beetje havermoutpulp doorkomen, maar dat geeft niet: het is heerlijk! Bewaar de havermoutbestanddelen voor het havermoutrecept!

d) Je verliest wat mix door absorptie, dus de hoeveelheden van dit ijs zullen iets minder zijn dan normaal.

e) Bewaar het mengsel een nacht in de koelkast. Als je klaar bent om het ijs te maken, meng je het opnieuw met een staafmixer tot het glad en romig is.

f) Giet het in een ijsmachine en vries het in volgens de instructies van de fabrikant. Bewaren in een luchtdichte verpakking en een nacht invriezen.

84. Bananen-havermoutpannenkoekjes

Porties: 6

INGREDIËNTEN ::
- 1 rijpe banaan
- 1 kop glutenvrije havermout
- 1 theelepel bakpoeder
- 1/2 kopje amandelmelk
- 1 theelepel vanille
- 2 eetlepels ahornsiroop
- 1/4 theelepel zout
- Groentebouillon, om te koken
- Ahornsiroop

INSTRUCTIES:
a) Combineer de banaan, havermout, bakpoeder, amandelmelk, vanille, ahornsiroop en zout in een blender. Meng deze **INGREDIËNTEN:** gedurende minimaal 30 seconden tot het mengsel volledig glad is.
b) Verhit met een kwastje groentebouillon een grote koekenpan of pan met anti-aanbaklaag op middelhoog vuur.
c) Kook tot de randen van het beslag goudbruin zijn, ongeveer 2-3 minuten.
d) Nadat je de pannenkoek hebt omgedraaid, bak je hem nog 2-3 minuten. Herhaal dit totdat al het beslag gestold is.
e) Besprenkel het met ahornsiroop of fruit naar keuze.

85. Appel-havermoutwafels

Maakt: 12 porties

INGREDIËNTEN ::
- 1 kopje gewone haver
- 1⅔ kopje bloem
- 2½ theelepel bakpoeder
- 1 theelepel Gemalen kaneel
- ½ theelepel zout (optioneel)
- 1 kopje magere melk
- ¼ kopje Ahornsiroop
- ¼ kopje sinaasappelsap
- >of appelsap
- 1 groot ei
- 3 grote eiwitten
- ¾ kopje Taartappels - fijn hakken
- ½ kopje rozijnen
- Boter of margarine
- Ahornsiroop

INSTRUCTIES:

a) Verdeel haver op een bakplaat; toast in de 350 oven, af en toe roerend, tot ze goudbruin zijn (12-15 minuten). Meng haver, bloem, bakpoeder, kaneel en indien gewenst zout in een grote kom. Klop in een middelgrote kom de melk, siroop, sap, ei en eiwit tot een mengsel. Appel en rozijnen erdoor roeren. Voeg het eimengsel toe aan het bloemmengsel; roer tot het gelijkmatig bevochtigd is. 2. Verwarm een wafelijzer voor volgens de aanwijzingen van de fabrikant. Vet ijzer; vul driekwart vol met beslag. Bak tot ze goudbruin en knapperig zijn (6-8 minuten). Doe het mengsel op een bord en houd het warm in een oven van 200 graden terwijl je de resterende wafels maakt.

b) Bieden met boter en stroop. Voor ongeveer twaalf vierkante wafels van 10 cm.

86. Linzerrepen van abrikozenhavermout

Maakt: 48 porties

INGREDIËNTEN ::
- 2 kopjes Quaker-haver (snel of ouderwets); ongekookt)
- 2 kopjes Gemalen amandelen of pecannoten; verdeeld
- 1 kopje bloem voor alle doeleinden
- ½ theelepel zout; (optioneel)
- 1½ kopjes; (3 stokjes) boter, zacht
- 1½ kopje Plus 1 eetlepel poedersuiker; verdeeld
- 4 eidooiers of 2 eieren; licht geslagen
- 2 theelepels Vanille
- ½ theelepel amandelextract
- 1 pot; (18 oz) abrikozenconserven
- 1 kop Fijngehakte gedroogde abrikozen
- 2 eetlepels likeur met sinaasappelsmaak; (optioneel)
- 1. Verwarm de oven tot 350ØF. Vet een bakvorm van 13 x 9 inch licht in.

INSTRUCTIES:

a) 2. Combineer haver, 1-½ kopje gemalen amandelen, bloem en zout in een middelgrote kom; Meng goed. Opzij zetten. Klop in een grote kom de boter en 1-½ kopje poedersuiker tot het romig is. Voeg eidooiers, vanille en amandelextract toe; goed verslaan.

b) Roer het havermengsel erdoor; Meng goed. Reserveer 1-⅓ kopjes; doe het in een kleine kom en zet opzij. Verdeel het resterende havermengsel in de voorbereide pan.

c) 3. Bak 13 tot 15 minuten of tot ze licht goudbruin zijn. Laat 10 minuten afkoelen op een rooster.

d) 4. Meng de conserven, abrikozen en likeur in een kleine kom; Meng goed. Verdeel gelijkmatig over de gedeeltelijk gebakken korst. Voeg de resterende ½ kopje gemalen amandelen toe aan het gereserveerde havermengsel; Meng goed. Druppel ¼ theelepel gelijkmatig over het abrikozenmengsel.

e) 5. Bak 30 tot 35 minuten of tot ze licht goudbruin zijn. Laat volledig afkoelen in de pan op een rooster. Bestrooi gelijkmatig met de resterende 1 eetlepel poedersuiker.

f) In repen snijden. Goed afgedekt bewaren.

87. Havermouttaart van zwarte walnoten

Maakt: 1 porties

INGREDIËNTEN ::
- 3 eieren, lichtgeklopt
- 1 kopje bruine suiker, verpakt
- ½ kopje donkere glucosestroop
- ½ kopje geëvaporeerde melk
- ½ kopje Snelkokende gerolde haver
- ½ kopje Grof gehakte zwarte walnoten
- ¼ kopje (4 eetlepels) boter, gesmolten
- 1 theelepel vanille
- Zout
- Ongebakken deeg voor taart met één korst

Hier is nog een Amish-recept voor alle masochisten die graag zwarte walnoten pellen.

INSTRUCTIES:
a) Meng in een grote mengkom de eieren, suiker, siroop, melk, haver, noten, boter, vanille en ⅛ theelepel zout en meng goed.
b) Bekleed een 9-inch taartvorm met deeg, trim en fluitrand. Plaats het bord op het ovenrooster en giet de vulling erin. Bescherm de rand van de taart met folie om te bruin worden te voorkomen. Bak op 350F gedurende 25 minuten. Folie verwijderen.
c) Bak nog ongeveer 25 minuten of tot de bovenkant diep goudbruin en licht gezwollen is. De vulling is enigszins zacht, maar wordt steviger als deze afkoelt.
d) Volledig afkoelen.

88. Butterscotch havermoutkoekjes

Maakt: 44 koekjes

INGREDIËNTEN ::
- ¾ kopje verkorting
- 2 theelepels suiker
- 1 ei
- 1 theelepel vanille
- 1 pakje Butterscotch puddingmix (4 porties)
- 1½ kopje haver
- 1 kopje bloem
- ½ theelepel zout
- ½ theelepel bakpoeder
- 1½ theelepel Room van wijnsteen

INSTRUCTIES:

a) Verwarm de oven voor op 350 graden F. Vet de bakplaten in. Roomvet, suiker, ei en vanille. Meng het droge puddingmengsel, de haver, de bloem, het zout, het zuiveringszout en de wijnsteencrème. Roer Dr **INGREDIËNTEN:** in een afgeroomd mengsel. Rol het mengsel in balletjes met een diameter van ongeveer 1½.

b) Leg het op een bakplaat en druk het iets plat.

c) Bak ongeveer 10 minuten.

89. Elegante havermoutvla

Maakt: 6 porties

INGREDIËNTEN ::
- 8 Eidooiers
- 1 kopje suiker
- ½ theelepel kaneel
- 1 liter melk; verbrand
- 1 theelepel vanille
- 1 liter havermout; gekookt en gekoeld
- 2 kopjes bessen (voor garnering)

INSTRUCTIES:
a) Klop de dooiers, suiker en kaneel door elkaar. Roer de melk en vanille erdoor. Vouw de havermout erdoor. Schep 16 oz mengsel in beboterde schaaltjes van 2 kopjes en bak op 350 graden, in een waterbad, gedurende 55-60 minuten. Serveer warm of gekoeld, garneer met bessen.

90. O maaltijdchips

Maakt: 60 porties

INGREDIËNTEN ::
- 1½ kopje bloem voor alle doeleinden
- 1 theelepel zout
- 1 theelepel zuiveringszout
- 1 kopje plantaardig bakvet; stevig
- 1 kop lichtbruine suiker; Ingepakt
- ½ kopje kristalsuiker
- 1 theelepel vanille-extract
- 2 eieren
- 2 kopjes gerolde haver; oubollig
- 2 kopjes rozijnen; optioneel

INSTRUCTIES:

a) Meng bloem, zout en zuiveringszout. Verwarm de oven voor op 350 graden F. Klop het bakvet, de suikers en de vanille in een grote kom tot het romig is. Klop de eieren erdoor tot ze licht en luchtig zijn. Voeg geleidelijk het bloemmengsel toe en rol de haver. Roer de rozijnen erdoor, indien gebruikt. Laat goed afgeronde theelepels op ingevette bakplaten vallen. Bak gedurende 8 tot 10 minuten of tot ze goudbruin zijn. Laat de koekjes 2 minuten afkoelen op bakplaten op roosters en breng ze vervolgens over naar roosters om af te koelen.

91. Honing Havermout Chewies

Maakt: 72 koekjes

INGREDIËNTEN ::
- 1¼ kopje botersmaak Crisco
- 1 kopje suiker, gegranuleerd
- ¼ kopje honing
- 1 ei
- ¼ kopje melk
- 1 theelepel vanille
- 2½ kopje bloem, voor alle doeleinden
- 1 theelepel zuiveringszout
- ½ theelepel zout
- 1 kop haver, snel koken NIET instant of ouderwets
- 1 kopje kokosnoot, in vlokken
- 1 kopje rozijnen
- ½ kopje walnootstukjes
- ½ kopje Tarwekiemen (optioneel)

INSTRUCTIES:
Tijd: 25 minuten Baktijd: 11 tot 14 minuten
a) Verwarm de oven tot 350 F.
b) Roombotersmaak Crisco, kristalsuiker, bruine suiker, honing, ei, melk en vanille in een grote kom op gemiddelde snelheid van een elektrische mixer tot alles goed gemengd is.
c) Meng bloem, zuiveringszout en zout. Meng tot een romig mengsel.
d) Roer de haver, kokosnoot, rozijnen, walnoten en tarwekiemen erdoor. Laat ronde theelepels deeg op een niet-ingevette bakplaat vallen.
e) Bak op 350 gedurende 11 tot 12 minuten voor zachte koekjes, 13 tot 14 minuten voor knapperige koekjes. Verwijderen naar koelrek.

92. Jumbo fruitige havermoutkoekjes

Maakt: 18 porties

INGREDIËNTEN ::
- ¾ kopje boter; verzacht
- 3 eieren
- ¾ kopje sap, appel, conc.
- 1½ theelepel vanille
- 1½ kopje bloem
- 1½ kopje haver
- ½ theelepel zuiveringszout
- ½ theelepel zout
- ½ theelepel kaneel, gemalen
- ½ theelepel piment, gemalen
- 6 ons Fruit, gedroogd gemengd
- ½ kopje noten, gehakt
- Fruit fijnhakken.

INSTRUCTIES:

a) Verwarm de oven voor op 350. Klop de boter in een grote kom tot hij romig is. Meng de eieren, het appelsapconcentraat en de vanille erdoor. Voeg bloem, haver, zuiveringszout, zout, kaneel en piment toe; Meng goed. Roer het gedroogde fruit en de noten erdoor. Laat een kleine ¼ kopje deeg, met een onderlinge afstand van 7,5 cm, op licht ingevette bakplaten vallen; maak het iets plat. Bak 12-14 minuten, tot de randen lichtbruin zijn .

b) Laat 1 minuut afkoelen op bakplaten en breng het vervolgens over naar roosters om volledig af te koelen. Bewaar in een goed afgedekte container.

93. No-bake havermoutreep

Maakt: 1 porties

INGREDIËNTEN ::
- ½ kopje boter
- ½ kopje bruine suiker
- ½ kopje sinaasappelsap
- 3 eetlepels Tarwekiemen
- 2 kopjes gerolde haver
- 1 kopje Kokosnootvlokken
- ½ kopje Gehakte noten
- ¼ kopje sesamzaadjes

INSTRUCTIES:

a) Smelt de boter in een middelgrote sauspan . Voeg de bruine suiker en het sinaasappelsap toe en roer tot de suiker is opgelost . Haal van het vuur en voeg de tarwekiemen, haver, kokosnoot, noten en sesamzaadjes toe en meng goed. Verdeel het mengsel in een vierkante glazen ovenschaal van 9 inch en zet het in de koelkast tot het hard is. Snijd het in vierkanten en eet!

94. Havermout whoopie taart

Maakt: 1 porties

INGREDIËNTEN ::
- 2 kopjes bruine suiker
- ¾ kopje verkorting
- 2 eieren
- ½ theelepel zout
- 1 theelepel kaneel
- 1 theelepel bakpoeder
- 1 theelepel zuiveringszout
- 3 eetlepels Kokend water
- 2½ kopje bloem
- 2 kopjes havermout
- 2 eiwitten, opgeklopt
- 2 theelepels Vanille
- 4 eetlepels bloem
- 2 eetlepels 10X suiker
- 4 eetlepels Melk
- 1½ kopje Crisco vast bakvet
- 4 kopjes 10X suiker

INSTRUCTIES:
a) Roombruine suiker en bakvet. Voeg eieren toe en klop. Voeg zout, kaneel en bakpoeder toe. Los baking soda op in kokend water en voeg toe aan het mengsel. Voeg bloem en havermout toe. Schep op ingevette bakplaat en bak 8 tot 10 minuten op 350 graden. Volledig afkoelen.

b) Vullen, gebruik onderstaande vulling. Maak sandwichkoekjes. Klop de eiwitten stijf, voeg vanille, 4 eetlepels bloem, 2 eetlepels 10X suiker en melk toe.

c) Voeg het bakvet toe en klop goed. Voeg 4 kopjes 10X suiker toe en klop opnieuw.

d) Maak boterhammen.

95. Hawaïaans brood van havermout

Maakt: 1 porties

INGREDIËNTEN ::
4 eieren
1½ kopje suiker
2½ kopje bloem
2½ kop (20 oz.) gemalen ananas, Gedraineerd
3 kopjes kokosnoot
2 theelepels frisdrank
1½ kopje haver
2 theelepels Zout

Combineer eieren, suiker en klop tot het licht is. Zeef bloem, zout en frisdrank; voeg toe aan het eimengsel en klop tot een gladde massa. Voeg de rest van de ingrediënten toe en meng goed. Schep het in een ingevette en met bloem bestoven 9x5 broodvorm . Bak op 325 graden 1 uur. Haal ze onmiddellijk uit de pannen.

96. Havermout en zure kersensodabrood

Maakt: 1 brood

INGREDIËNTEN ::
2 kopjes Volkorenmeel
1½ kopje ongezeefd bloem voor alle doeleinden
½ kopje Plus 1 T snelgerolde haver
1 theelepel zout
1 theelepel bakpoeder
1 theelepel zuiveringszout
¼ kopje gedroogde zure kersen of donkere pitloze rozijnen
1 eetlepel karwijzaad (optioneel)
1 container van 8 oz magere yoghurt
¼ kopje Plus 1 T magere melk
2 eetlepels Honing

INSTRUCTIES:
a) Verwarm de oven tot 375'F. Vet een grote bakplaat in. Meng in een grote kom, met een vork, volkorenmeel en bloem voor alle doeleinden, ½ haver, het zout, bakpoeder, zuiveringszout, kersen en karwijzaad, indien gewenst.
b) Meng yoghurt, ¼ C magere melk en de honing in een glazen maatbeker van 2 kopjes of een kleine kom tot alles goed gemengd is. Voeg het yoghurtmengsel toe aan de droge ingrediënten en meng lichtjes met een vork totdat het mengsel aan elkaar plakt en een zacht deeg vormt; niet overmixen.
c) Leg het deeg op een licht met bloem bestoven oppervlak. Kneed zachtjes 8 tot 10 keer of ongeveer 30 seconden.
d) Vorm het deeg tot een rond brood van 20 cm en plaats het op ingevette bakplaat. Bestrijk het brood met de resterende T- magere melk en strooi de bovenkant met de resterende eetlepel haver. Snijd met een mes de bovenkant van het brood in vieren.
e) Bak het brood 35 tot 40 minuten of tot het bruin is en het brood hol klinkt als je erop tikt. Laat volledig afkoelen op een rooster voordat u het gaat snijden.

97. Havermoutbotercrackers

Maakt: 60 porties

INGREDIËNTEN ::
- 1½ kopje bloem voor alle doeleinden
- 1½ kop gerolde haver (havermout)
- ½ theelepel zout
- 1 eetlepel suiker
- 6 eetlepels (3/4 stokje) boter, gesmolten en afgekoeld
- ½ kopje melk

INSTRUCTIES:

a) Verwarm de oven voor op 325 ~ F. "Deze crackers zijn knapperig en nootachtig en vormen een voedzaam tussendoortje. Leg je voeten omhoog na een dag hard werken en geniet ervan met een glas verse limonade.
b) Bak 325 ~ F 20 tot 25 minuten
c) Roer de bloem, haver, zout en suiker door elkaar in een grote kom of in de keukenmachine. Snijd de boter erdoor tot het mengsel op grof meel lijkt. Meng voldoende melk erdoor tot er een deeg ontstaat dat bij elkaar blijft in een samenhangende bal.
d) Verdeel het deeg in 2 gelijke porties om uit te rollen. Rol op een met bloem bestoven oppervlak of deegdoek zo dun mogelijk, tot ongeveer 1/16 inch dik. Gebruik een spatel, deegroller of uw handen om het opgerolde deeg voorzichtig op een grote bakplaat te leggen.
e) Snijd het deeg met een scherp mes in vierkantjes van 2 inch zonder het hele deeg door te snijden. Prik elk vierkant 2 of 3 keer in met de tanden van een vork.
f) Bak gedurende 20 tot 25 minuten, draai ze na 15 minuten om, tot ze knapperig zijn. Koel op een rooster. Breek in individuele crackers als ze afgekoeld zijn.

98. Havermoutburgerbroodjes

Maakt: 16 porties

INGREDIËNTEN ::
- 1 pakje Actieve droge gist
- ¼ kopje Warm water
- ¼ kopje melasse
- 4 eetlepels Zuivelvrije margarine
- 2 theelepels Zout
- ¼ kopje bruine suiker
- 2 kopjes havermout (ongekookt)
- 1 kopje kokend water
- 1 kopje Koel water
- 2 kopjes Volkorenmeel
- 2½ kopje ongebleekte witte bloem

INSTRUCTIES:

a) Meet ¼ kopje warm water af en roer de gist en 1 eetlepel melasse door het water. Laten staan tot het bubbelt.

b) Meng ondertussen in een grote kom de margarine, de resterende melasse, het zout, de bruine suiker, de havermout en het kokende water en roer tot de margarine smelt.

c) Voeg koud water en gist toe aan het bovenstaande mengsel. Klop 4 kopjes bloem erdoor, 1 kopje per keer.

d) Leg het deeg op een met bloem bestoven bord en kneed het ongeveer 5 minuten tot het glad is. Voeg indien nodig meer bloem toe om plakken te voorkomen.

e) Draai het deeg om in een ingevette kom; dek af en laat op een warme plaats rijzen tot het verdubbeld is (ongeveer 1 uur).

f) Sla het deeg plat en verdeel het in 16 gelijke stukken . Vorm elk stuk tot een gladde bal. Plaats de balletjes ongeveer 5 cm uit elkaar op ingevette bakplaten en druk ze iets plat. Dek af en laat op een warme plaats rijzen tot het verdubbeld is (30 of 40 minuten). Bak in een voorverwarmde oven van 350 graden tot het lichtbruin is, ongeveer 20 minuten.

99. Havermout kaneel scones

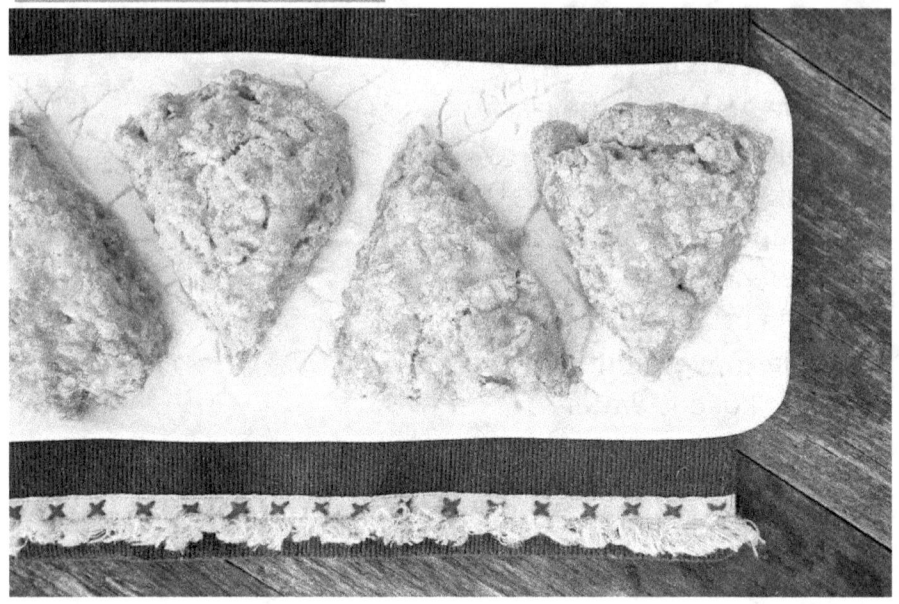

Maakt: 6 porties

INGREDIËNTEN ::
- ¼ kopje havermout
- 1 theelepel zout
- 1¾ kopje bloem
- 6 eetlepels boter, in blokjes van 1/2 inch gesneden
- ¼ kopje suiker
- 1 theelepel kaneel
- ½ kopje karnemelk OF:
- ½ kopje room OF:
- ½ kopje melk
- ¼ kopje bruine suiker, verpakt
- 1 groot ei, geslagen
- 1½ theelepel bakpoeder (dbl -werkend)
- 2 theelepels Vanille-extract
- 1 theelepel zuiveringszout
- ⅛ theelepel Geraspte sinaasappelschil

INSTRUCTIES:
a) Plaats het rek in het midden van de oven en verwarm voor op 375 graden.
b) Zeef de bloem, suikers, bakpoeder, zuiveringszout en zout in een grote kom. Voeg havermout toe en meng door elkaar . Verdeel de boterblokjes over het bloemmengsel. Wrijf met je vingertoppen de boterkoekjes snel door het bloemmengsel, totdat het mengsel op grof meel lijkt.
c) Roer in een middelgrote kom de karnemelk, het ei, de vanille en de schil door elkaar.
d) Voeg het vloeibare mengsel toe aan het bloemmengsel. Roer met een grote rubberen spatel, met zo weinig mogelijk bewegingen, voorzichtig totdat het deeg vochtig is en aan elkaar begint te plakken. Hanteer het deeg zo min mogelijk en roer tot alle ingrediënten volledig zijn gecombineerd .

e) Met behulp van een ⅓-c. maatbeker, laat het deeg op een niet-ingevette bakplaat vallen en laat minimaal 2,5 cm ruimte tussen de scones. Bak 16 tot 18 minuten, tot de scones goudbruin zijn. Laat de scones 5 minuten afkoelen op de bakplaat op een rooster. Gebruik een mentale spatel om de scones over te brengen naar het rooster en volledig af te koelen.
f) Serveer warm of bewaar volledig afgekoelde scones in een luchtdichte verpakking op kamertemperatuur.

100. Havermout notenkrokantjes

Maakt: 7 dozijn

INGREDIËNTEN ::
- 1 kopje verkorting
- 1 kopje suiker
- 1 kopje suiker, bruin; stevig verpakt
- 2 eieren; lichtjes geslagen
- 1 theelepel Citroenextract
- 1½ kopje bloem, universeel
- 1 theelepel zeep
- ½ theelepel zout
- 2 theelepels kaneel, gemalen
- 3 kopjes haver, snel kokend; ongekookt
- ½ kopje pecannoten; gehakt

INSTRUCTIES:
a) Crème bakvet; Voeg geleidelijk suiker toe en klop tot het licht en luchtig is. Voeg de eieren één voor één toe en klop goed na elke toevoeging.
b) Voeg citroenextract toe, goed kloppend.
c) Combineer bloem, frisdrank, zout en kaneel; voeg toe aan het afgeroomde mengsel en klop goed. Roer de haver en pecannoten erdoor.
d) Vorm het deeg in 2 lange rollen met een diameter van 2 inch; wikkel ze allemaal in vetvrij papier en laat ze 2 tot 3 uur afkoelen, of tot ze stevig zijn.
e) Haal de broodjes uit de verpakking en snijd ze in plakjes van ¼ "; plaats ze 2 tot 3 inch uit elkaar op licht ingevette bakplaten. Bak op 350 graden gedurende 10 tot 12 minuten.

CONCLUSIE

We hopen dat je het leuk vond om de vele manieren te ontdekken waarop je havermout kunt gebruiken bij het koken bij ons. Van ontbijt tot diner, van zoet tot hartig, we hebben u 100 heerlijke en voedzame recepten gegeven om uit te proberen.

Havermout is niet alleen lekker, maar zit ook boordevol voedingsstoffen, waardoor het een geweldige aanvulling is op elke maaltijd. We moedigen je aan om te experimenteren met verschillende smaakcombinaties en technieken om deze recepten je eigen te maken.

Bedankt dat je met ons meegaat op deze reis. We hopen dat HET ONTBIJT HAVERMOUT BAKKEN RECEPTENBOEK je heeft geïnspireerd om creatief aan de slag te gaan in de keuken en meer volle granen aan je dieet toe te voegen. Genieten!

www.ingramcontent.com/pod-product-compliance
Lightning Source LLC
Chambersburg PA
CBHW050153130526
44591CB00033B/1292